www.tredition.de

AF184990

Eckhard Becker

© 2020 Eckhard Becker
Verlag & Druck: tredition GmbH, Halenreie 40-44, 22359
Hamburg
ISBN
Paperback: 978-3-347-09154-2
Hardcover: 978-3-347-09155-9
e-Book: 978-3-347-09156-6

Inhaltsverzeichnis

Teil I

Einleitende Bemerkungen

Als ich sehr jung war und in Bad Schwartau aufwuchs, war ich sehr neugierig und lebensfroh.

Ich wuchs mit meiner kleineren Schwester, meinen Eltern und meinen Großeltern in Bad Schwartau in der Schnoorstraße auf. Obgleich mein Großvater mütterlicherseits schon 1948 und meine Großmutter 1954 starben, kann ich mich an beide noch erinnern.

Manchmal erzählte meine Mutter uns von Begebenheiten, die sie als Kind mit ihren Eltern erlebt hat, und verwies weiter auf Erzählungen, die meine Großeltern erlebt haben.

Einige Dinge waren für mich als Kind von Bedeutung und daher sehr interessant, andere Dinge wiederum nicht.

Als ich dann älter wurde, wollte ich mehr wissen und konnte aus Erzählungen, vornehmlich von meiner Mutter, dann auch viele Sachverhalte verstehen.

Dies hat meine Neugier geweckt. Ich lebte, so erinnere ich mich gut, damals im Jetzt und nicht in der Zukunft. Ich war mit dem zufrieden, was ich hatte und dachte nicht an die Endlichkeit des Lebens. Ich war jung und wollte glauben, dass, wenn es mich nicht mehr gäbe, die Welt aufhören müsse zu existieren. Natürlich wusste ich auch schon damals, dass dies nicht so ist. Es war aber schön, als Kind ohne Sorgen zu leben.

Später, als meine Großeltern nicht mehr lebten, kamen diese Gedanken wieder und ich stellte fest, dass jetzt nur noch eine Generation - meine Eltern - bis zum Ausscheiden aus dieser Welt „vor" einem kam, es sozusagen nur noch einen Puffer gab.

Hier stellte ich dann das erste Mal fest, dass Erlebnisse, die meine Großeltern bewegten und nicht an meine Mutter überliefert wurden, dann auch tatsächlich nicht mehr vorhanden waren.

Deshalb sprach ich mit meiner Mutter und bat sie, mir ein paar Dinge aus ihrer Erinnerung aufzuschreiben. Dies tat sie auch, und ihre Erzählungen sind z.T. in das erste private Familien Buch (2015), das ich für meine Enkelin schrieb, eingeflossen.

Ich möchte jetzt meinen drei Enkelkindern und vielen anderen Menschen sagen, wie wir, die Nachkriegskinder, in der damaligen Zeit und später empfunden haben, welche grundlegenden Ansichten und Meinungen meine Frau und ich vertraten und vertreten und welche Werte unser Handeln bestimmen.

Anders als in meiner Kindheit nehme ich heute bewusst war, dass das Leben endlich ist und wir bis jetzt auch eine schöne Zeit auf dieser Welt hatten. Hoffentlich bleibt es noch lange so.

Kindheit

Ich wuchs unbefangen auf und spielte mit vielen gleichaltrigen Kindern, die in der Schnoorstraße wohnten. Es waren Nachbarskinder und später die Schulfreunde in der Grund- und Mittelschule. Wir bauten uns Erdhöhlen, machten Lagerfeuer in diesen Erdhöhlen und nachdem wir das Feuer mit Dachpappe angefeuert hatten, waren wir schwarz im Gesicht.

Ich kann mich noch gut daran erinnern, dass ein Freund in der Schnoorstraße hinten im Garten einen kleinen Zoo gebaut hatte. Das sah sehr professionell aus. Es wurden Nester und kleine Häuser für Haustiere gebaut.

Im Sommer badeten wir jeden Tag in der nahe gelegenen Schwartau, sammelten Krebse und ließen uns immer wieder etwas Neues einfallen.

Wir freuten uns auch, wenn wir grüne Laubfrösche fanden. Diese kleinen Frösche habe ich seit meiner Kindheit nicht mehr gesehen.

Im Frühling suchten wir auf den Auenwiesen Schlüsselblumen. Sie sehen aus wie langstielige gelbe Primeln. Wir waren dann immer ganz stolz, wenn wir unserer Mutter einen schönen Blumenstrauß mitbrachten.

Später fuhren wir zum Hemmelsdorfer See nach Offendorf. Dort war der See am schmalsten, aber auch am tiefsten. Wir schnitten uns Schilf, banden es zusammen, legten uns darauf und paddelten zur gegenüberliegenden Seite. Viel Später erfuhr ich, dass in der letzten Eiszeit der Hemmelsdorfer See eine Ausbuchtung der Ostsee gewesen sei (wie z.B. die Kieler Förde).

Im Laufe der Zeit ist der Hemmelsdorfer See an der jetzigen Ostseelinie zugesandet. Dieses Phänomen der Landabbrüche und Anlandungen gibt es heute immer noch. Das Brodtener Ufer verliert im Schnitt jedes Jahr einen Meter Küstenstreifen.

Wir haben unseren Eltern nicht alles erzählt, weil wir wussten, dass unsere Eltern manches als gefährlicher einschätzten als wir.

Eine Zeitlang fuhr ich auch mit dem Fahrrad zum Tremser Teich; da gab es eine Badeanstalt.

Als Kinder spielten wir überwiegend draußen auf der Straße. Wenn der Frühling kam, der kalte Winter vorbei war und wir wieder auf die Straße und in den Garten durften, dann war ich voller Lebensfreude und dachte, wie schön das Leben ist. Ich rannte den Garten hoch und runter und war glücklich, dass es uns gab. Damals als Kind konnte ich mir gar nicht vorstellen, dass das Leben ohne mich überhaupt möglich sei. Zwar begriff ich auch schon damals, dass ich nur ein Mensch auf dieser Erde bin, doch dachte ich, dass das Leben ohne mich nicht weitergehen könne.

Im Frühling, wenn der Matsch auf den Fußwegen getrocknet war (in der Schnoorstraße gab es damals keine Fußwegplatten), holten wir unser Spielzeug - z.T. selbst gebastelt - aus dem Schuppen. Wir spielten - so sprachen wir es aus - „Kibbel und Kabbel". Ein ca. 10 cm langes und ca. 2,5 cm dickes Holzstück wurde an beiden Enden angespitzt. Man schlug mit einem anderen längeren Stock auf die eine Seite. Das kleine angespitzte Holzstück flog hoch, und in dem Moment musste man es in der Luft treffen und wegschlagen. Wer das kleine Holzstück am weitesten wegschlug, hatte gewonnen.

Beliebt waren auch die Murmelspiele (wir nannten es „Piggerspiele"). Für diese Spiele brauchte man Fantasie und Kreativität; sie machten Spaß und sorgten für Bewegung. Wir spielten mit den Murmeln, indem wir sie in ein vorher auf dem Fußweg gegrabenes rundes, flaches Loch einloggen mussten. Man stellte sich ca. fünf Meter vor das Loch, warf und versuchte, die Murmeln in das Loch zu werfen. Im zweiten Schritt mussten sie dann mit dem angewinkelten Zeigefinger ins Loch geschoben werden. Wer zuerst am meisten Kugeln in das Loch bekam, hatte gewonnen.

Dann wurden natürlich auch Glaskugeln getauscht; es gab hübsche Kugeln aus Glas, die besonders wertvoll für uns waren; die Stein- oder Tonkugeln waren weniger interessant.

Murmelspielen war dann später nicht mehr verbreitet. Unsere Kinder haben meines Wissens nie mit Murmeln gespielt. Sie wurden auch nicht mehr hergestellt, wie ich gelesen habe. In den 90er Jahren gab es dann wieder einen kleinen „Murmeltrend", wie der Murmologe Rolf Meurer zu berichten weiß.

Die Murmeln haben wir aber auch so genutzt, dass wir uns im Abstand von ca. drei Metern vor eine Wand stellten und die Murmeln möglichst dicht an die Wand werfen mussten. Derjenige, dessen Murmeln am dichtesten an der Wand lagen, hatte gewonnen. Es war auch erlaubt, Murmeln des Mitspielers wegzukicken.

Allgemein gültige Regeln gibt es beim Murmelspielen nicht, deshalb wurde unsere Kreativität angeregt. Zu Beginn eines Spiels werden die Spielregeln untereinander abgesprochen.

Wer spielt mit? (Anzahl) Wie wird gespielt? (Anzahl der Murmeln pro Spieler)

Gibt es Teams? Oder spielt jeder gegen jeden? Und so weiter…

Ein weiteres beliebtes Spiel mit den Nachbarskindern war Völkerball, das wir ohne Ermüdung den ganzen Nachmittag spielen konnten, egal, ob Jungen oder Mädchen.

Im Winter spielten wir mit den Eltern Mikado (dies gibt es heute noch) oder „Mensch ärgere dich nicht" oder Halma u.a..

Tante Martha brachte aus den USA ein Spiel namens „Pachisi" mit, das ursprünglich aus Indien stammen soll. Es hatte eine gewisse Ähnlichkeit mit „Mensch ärgere dich nicht" und wurde zur Abwechslung gern von uns gespielt.

Gern erinnere ich mich auch an das sogenannte „Ringreiten" um die Rensefelder Kirche, obgleich ich später nie wieder ernsthaft mit Pferden oder dem Pferdesport zu tun hatte. Diese Reitturniere fanden anlässlich verschiedener dörflicher Feste statt, z.B. nach der Ernte. Man ritt auf sehr mächtigen Zugpferden, die zum Arbeiten in der Landwirtschaft dienten, im Galopp um den Kirchplatz. Der Reiter musste mit einem Holzstück ein über der Strecke hängendes Metallrundteil, in dem in der Mitte ein Loch war, treffen und abziehen.

Dies gelang im Galopp mit den Ackergäulen natürlich nicht immer. Wenn es dann aber jemandem gelang, gab es ein großes „Gejohle".

Wir haben uns selbst beschäftigt und uns eigene Ziele gesetzt. Ich habe meine Mutter dann im Nachhinein mit den „vollbrachten Leistungen" überrascht.

Nach und nach machte ich den „Freischwimmer", den „Fahrtenschwimmer" und den „goldenen Totenkopf". So hieß damals das zweistündige Dauerschwimmen.

Nach dem Stundenschwimmerzeugnis erwarb ich dann noch mein Rettungsschwimmerzertifikat.

Während dieser Zeit, mit 14 und 15 Jahren, wurde ich immer selbstständiger und hatte zunehmend Einblick, dass das monatliche Budget in unserer Familie, der damaligen Zeit entsprechend, nicht üppig war. Hierüber unterhielt ich mich damals auch oft mit meiner Mutter.

Wir hatten schon einiges geschafft: Die beiden kleinen Wohnzimmer wurden zu einem zusammengelegt. Ein Nachtspeicherkachelofen, der auch die oberen Zimmer bedingt beheizte, wurde eingebaut, und zwar von der Firma Hans & Söhne aus Hamburg; der Jungmonteur, der in Holm-Seppensen wohnte und wohnt und zu dem ich auch noch im Jahr 2020 Kontakt habe.

Meine Mutter, die damals nebenberuflich für eine Versicherung arbeitete, hat ihn damals schon versichert. Diese Familie des Jungmonteurs ist bis heute über unsere Familie versichert.

Das Dach im Hause der Schnoorstraße wurde im hinteren Bereich angehoben; dadurch entstanden Zimmer ohne Schrägen. Auch wurde ein Badezimmer eingebaut, das nach den damaligen Vorstellungen gut war.

Meine Eltern haben alles gemeinsam entschieden. Ich hatte den Eindruck, dass ein harmonisches, liebevolles Zusammenleben herrschte.

Vor dem Hintergrund eines angespannten Familienbudgets blieben die Themen Ausbildung, Zukunft und Lebensgestaltung sehr wichtig, und das war auch gut so, da wir über diesen Weg auch lernten, mit Geld umzugehen.

Meine Mutter war in dieser Hinsicht immer ein Vorbild, wofür ich ihr bis heute dankbar bin. Sie war gerecht, zielstrebig, hilfsbereit und nachsichtig, auch wenn ich mal schlechte Noten hatte. Dies wurde weder beschimpft noch ignoriert, sondern „positiv" kritisch und konstruktiv besprochen.

Da wir in der damaligen Zeit vom Gehalt meines Vaters nur sparsam leben und keine nennenswerten Anschaffungen machen konnten, andererseits es für meine Mutter keine Alternative zu der von ihr gewollten ganztägigen Kindererziehung gab, suchte sie nach nebenberuflicher Arbeit.

Sie war Hausfrau, wie damals die meisten Ehefrauen, auch wenn sie vor der Geburt ihrer Kinder einen relativ guten und gut bezahlten Beruf hatte.

Da meine Mutter bestrebt war, neben der nebenberuflichen Versicherungsvermittlung meines Vaters und ihrer eigenen Versicherungsvermittlung im Sommer etwas zusätzliches Geld zu verdienen, gingen wir in den umliegenden Dörfern, z.B. in Klein Parin bei Bauer E., Erbsen und Bohnen pflücken.

Ich habe dies auch gern gemacht, konnte ich doch auch hier etwas Geld verdienen. Regelmäßiges Taschengeld bekamen wir damals nicht.

Wegen der morgendlichen Kälte hatten wir warme Kleidung dabei und darin konnte man zum Schluss des Erbsenpflückens auch gut einige Kilo Erbsen verstecken, die dann später zu Hause „eingeweckt" wurden, so sagte man damals: Die Erbsen/Bohnen wurden in der Küche über einem mit Holz befeuerten Ofen in einem speziellen Wecktopf aus Zink eingekocht und in entsprechende Gläser gefüllt.

Auch dieses „Organisieren" zum Schluss des Pflückens machte mir Spaß, vor allem wenn ich ein paar Kilo auf meinem Fahrrad verstecken konnte.

Ich denke, so wurde uns auch eine gewisse Schlitzohrigkeit anerzogen, die mir in meinem weiteren Leben nur positive Erfahrungen gebracht hat.

Wir standen morgens schon im Halbdunkeln auf, zwischen 3 und 4 Uhr (die Sommerzeit gab es damals noch nicht) und fuhren dann mit dem Fahrrad los. Mit im Gepäck hatten wir von unserer Mutter belegte Brote und selbst hergestellten Saft, seltener auch die beliebte weiße Brause, um uns in der Frühstückspause zu versorgen. Der Geruch an den Händen vom Erbsenpflücken vermischte sich mit den köstlich schmeckenden Broten. Von Pestiziden und Herbiziden haben wir damals noch nichts geahnt. Keiner wusste, was an unseren Händen klebte, und gewaschen haben wir uns auch nicht vor dem Essen. Aber am Feldrand an den Knick gelehnt mit den ersten wärmenden Sonnenstrahlen im Gesicht, schmeckte nirgendwo das Frühstück besser als dort.

Ich kann mich noch gut an ein besonderes Ereignis aus dieser Zeit erinnern: Wir waren gerade auf der Höhe des Pariner Berges, als aus dem Transistorradio die Nachricht kam, dass die Russen den ersten künstlichen Satelliten in die Erdumlaufbahn geschickt hatten; dies war am 04.10.1957.

Von da an wetteiferten die beiden Machtblöcke UdSSR und Amerika um die Vorherrschaft im Weltraum, was vorerst darin gipfelte, dass die Amerikaner 1968 erstmals zwei Menschen zum Mond schickten.

Als Lohn für das Erbsen- und Bohnenpflücken gab es damals pro Pfund (1/2 kg) 0,05 DM. Meine Mutter schaffte bis ca. 10 Uhr morgens ungefähr 3 Zentner, (150 kg), ich schaffte in der Zeit einen Zentner, d.h. meine Mutter verdiente an einem Vormittag 15 DM (ca. 7,50 €) und ich 5 DM. Dieses Geld durfte ich selbstverständlich für mich behalten, habe es aber nicht ausgegeben, sondern gespart, was meine Mutter in der Weise unterstützte, dass sie die Beträge, die ich zur Bank brachte, oft aufrundete.

Meine Mutter kaufte sich später von diesem Geld den ersten elektrischen Herd für die Küche; das war eine Arbeitsersparnis und modern; außerdem „ging man mit der Zeit".

Ich kaufte mir später von dem verdienten und ersparten Geld ein erstes Tonbandgerät der Marke Grundig mit einem Röhrenverstärker; es war relativ schwer. Aber ich war sehr stolz, mir so ein technisches Gerät leisten zu können. Es wurde mit losen Bändern betrieben (ich glaube, die längsten waren 240 m lang). Man musste aufpassen, dass es keinen „Bandsalat" gab.

Ich machte Sprachinterviews mit dem Mikrofon und habe mit einer direkten Steckverbindung vom Schallplattenspieler Musik aufgenommen (Elvis und die damals aktuellen Rockstars aus Amerika; später kam auch Peter Krauss dazu).

Um mein Taschengeld weiter aufzubessern, habe ich in Rensefeld auch „Rüben verzogen". Das bedeutete, dass die Rübensamen in einer Reihe ausgesät wurden. Man brauchte später aber nur eine Rübenpflanze in einem Abstand von ca. 30 cm. Der Bauer säte die Rübensamen aus (auch damals schon maschinell). Wenn die Samen „aufgelaufen" waren, wurde in ca. 30 cm Abstand ein kleines Büschel Sämlinge stehen gelassen. Alle Pflanzen zwischen diesen Büscheln wurden umgehackt.

Die Aufgabe der Schüler war es dann, den kräftigsten Sämling stehen zu lassen (zunächst wegzudrücken), um dann die restlichen Pflanzen rauszuziehen. Somit war sichergestellt, dass die Sämlinge in einem Abstand von ca. 30 cm wachsen und sich zu einer Rübe entwickeln konnten. Diese Arbeit wurde stundenweise bezahlt. Für eine Stunde gab es 0,70 DM Lohn, für 5 Stunden Arbeit bekamen wir also 3,50 DM (ca. 1,75 €) Dies war eine sehr mühsame Arbeit, weil man ständig gebückt arbeiten oder auf den Knien kriechen musste.

Bei den gelegentlichen Aktivitäten meiner Mutter, hatte ich immer den Eindruck, dass sie auch im sonstigen Leben sehr zielstrebig und selbstbewusst war. Was sie im Rahmen ihrer Möglichkeiten machen konnte, tat sie. Sie war mutig und entschlossen, und ich habe nie erlebt, dass sie sich zu irgendwelchen Dingen, die nicht ihrer Würde und ihrem Selbstverständnis entsprachen, hinreißen ließ.

Ich war sehr stolz, dass wir ein Klavier hatten, war es doch ein Symbol gewissen Wohlstandes, so meinte ich. Zunächst hatte ich deshalb auch den Wunsch, Klavier spielen zu lernen. Ich hatte damals Gelegenheit, diesen Klavierunterricht von einer Organistin, kostenlos zu bekommen. Dieses geschah wegen einer Gefälligkeit gegenüber einem Nachbarskind. Leider waren meine musikalischen Fähigkeiten nur wenig ausgeprägt, sodass ich mich eigentlich immer freute, wenn Frau K. keine Zeit hatte.

Als ich zehn Jahre alt war, machte ich eine schulische Aufnahmeprüfung, und nachdem ich diese Prüfung bestanden hatte, wechselte ich zur Mittelschule. Damals war die Basisschulform die Grund- oder Volksschule. Nur ca. 15-20% der Schüler wechselten in die Mittelschule, ca. 7% wechselten auf das Gymnasium.

Ich war und bin ein Mensch, der über ein normales Maß an theoretischer Bildung verfügt, glaube aber, dass mir genetisch eine genügende und ausreichende praktische weitere Intelligenz gegeben ist.

Als Belohnung für die Prüfung zur Mittelschule bekam ich ein Fahrrad der Marke Triepad. Darauf war ich mit meinen zehn Jahren stolz und zugleich glücklich darüber. Dieses Fahrrad wurde gepflegt, geputzt und in Ehren gehalten. Ich passte gut auf mein Fahrrad auf.

Umso betrübter war ich, als Folgendes passierte: Meine Eltern brauchten für unseren Stall neue Dachpappe. Die Dachpappe holten wir in Bad Schwartau. Sie sollte mit meinem Fahrrad transportiert werden. (Ein Auto besaßen wir noch nicht.) Aufgrund des hohen Drucks war im unteren Bereich der Fahrradgabel der Lack beschädigt worden. Ich war untröstlich, weil dieses Fahrrad für mich ein unschätzbar wertvolles Gut darstellte.

Leider verstarb mein Vater im September 1968, als ich noch in Köln studierte. Ich glaube, meine Mutter hat ihn sehr geliebt, und es war ein großer Verlust für sie; sie zeigte es uns aber äußerlich kaum.

Unsere Familie war seit Jahrhunderten immer christlich geprägt, nie sehr gläubig, wie ich von meinen Eltern und Großeltern weiß, aber die kirchlichen Rituale wie Weihnachten und Ostern wurden christlich begangen.

In Norddeutschland gab es fast nur den evangelischen Glauben, daher wurden alle anderen Glaubensrichtungen eher skeptisch betrachtet.

Meine spätere Frau, war dann die erste Katholikin, die meine Eltern näher kennen lernten. Ihr gegenüber gab es keine Vorurteile, weil sie auch wussten, dass ich sie liebe, und wir damals, 1969, schon wussten, dass wir heiraten wollten.

Das christliche Weihnachtsfest – für die Kinder auch das Fest des Schenkens – war bei uns von besonderer Bedeutung. Einerseits die Ruhe und Besonnenheit, wenn meine Mutter mit uns in die Rensefelder Kirche ging, während mein Vater zu Hause für Gemütlichkeit sorgte und das Haus dekorierte. Mein Vater freute sich, wenn alles in Ordnung war und wir ein gemütliches Heim hatten. Er bastelte für uns z.B. die Weihnachtskrippe mit der Laubsäge und Märchenlandschaften, wie z.B. Hänsel und Gretel, und versah diese Holzfiguren mit aus Fotos ausgeschnittenen Gesichtern von mir und meiner Schwester.

Da es bei uns zu der Zeit noch kein Fernsehgerät und keinen Plattenspieler gab, war das Radio das einzige technische Gerät (ich sage bewusst nicht „elektronisches Gerät", weil es solche Geräte damals noch nicht gab).

Dieser bei uns stehende Röhrenempfänger in Nussbaum (meine Großeltern hatten noch einen schwarzen Plastikvolksempfänger) passte in die damalige Zeit. Es funktionierte nur ein Sender, weil das mechanische Transportband des Sendersuchlaufs gerissen war.

Danach entwickelte sich die Technik sehr rasant.

Der technische und elektronische Fortschritt zeigte sich auch in anderen Bereichen. Wenn zu meiner Zeit, als ich als Büroleiter in Harburg tätig war, eine elektronische Rechenmaschine noch 1000 DM kostete, bekommt man sie in gleicher Qualität heute als Werbegeschenk dazu.

Es gab kein Internet und auch keine sozialen Medien. Viele Menschen können sich das heute nicht mehr vorstellen.

Während wir Weihnachten in der Kirche waren, schraubte mein Vater die Rückwand unseres Radios ab und brachte den Drehkondensator per Hand in die gewünschte Senderstellung. Dies war damals für mich ein positives Zeichen und ein Gefühl, ein wenig mehr Wohlstand zu haben, weil wir ein Radio im Hause hatten, das mehrere Sender spielen konnte.

Später habe ich selbst den Drehkondensator verstellt, sodass wir nicht nur zu Weihnachten andere Sender hören konnten.

Mit einem Fernseher kam ich das erste Mal 1954 in Kontakt. Eine mir heute nicht mehr bekannte Person schweißte damals in der Schnoorstraße den Straßenbegrenzungszaun vor dem Haus (er war aus Eisen). Da dies für mich etwas Neues war, interessierte ich mich natürlich für das Schweißen.

Der Herr erzählte vom Endspiel der Fußballweltmeisterschaft 1954 Deutschland gegen Ungarn in Bern in der Schweiz. Dieses Spiel war im damaligen „Schwarz-weiß-Fernsehen" zu sehen. Das Fernsehgerät stand in der Walderseekaserne, auf halber Strecke von Schwartau nach Lübeck.

Vermutlich hatte der Fernseher einen Bildschirm von 30 bis 40 cm; das Gerät war schwer und doppelt so tief wie breit. Als wir ankamen, war der große Saal schon voll. Ich erinnere mich noch genau, dass ich von meinem Platz aus nichts sehen und verstehen konnte. Trotzdem war es ein Fest, weil Deutschland mit 3:2 Weltmeister wurde.

Beruflicher Weg

Als meine Schulzeit sich dem Ende zuneigte, hatte ich noch keine Vorstellung von meiner beruflichen Zukunft; ich war ja auch erst 16 Jahre alt.

Da ich technisch interessiert war - ich will nicht sagen, dass ich technisch begabt war -, baute ich ab dem 14. Lebensjahr ganz einfache Transistorradios. Es war für mich eine faszinierende Vorstellung, aus dem Nichts Musik zu holen.

Ein am Ort ansässiger Mann im Alter meiner Eltern, (er wohnte in der Straße, in der auch der Rensfelder Friedhof liegt), war leidenschaftlicher Bastler und saß in der Küche seiner kleinen Mietwohnung. Hier bastelte er etwas aus vielen kleinen Kistchen mit unendlich vielen Kleinteilen. Wegen dieser Fähigkeit wurde er von mir bewundert. Es gab damals noch keine UKW-Transistoren. Auf Hinweis meines väterlichen Freundes bat ich Tante Martha in Amerika, mir so ein Teil zu schicken. Das tat sie auch, und Herr F. konnte diesen Transistor nutzen.

Ich war fast jeden Tag bei meinem väterlichen Freund und als die Schulzeit zu Ende ging, fragte er mich, was ich denn werden wollte. Aus lauter Verbundenheit fühlte ich mich damals berufen, einen Elektronikberuf zu erlernen. Zur damaligen Zeit war der Beruf des Fernsehtechnikers sehr stark überlaufen, sodass ich keine Möglichkeit hatte, einen Ausbildungsplatz zu bekommen. Ich hatte ja auch nicht nur die Note 1 im Zeugnis. Ich war ein durchschnittlicher Realschüler.

Ich unterhielt mich mit Mitschülern und beschloss dann, Starkstromelektriker zu werden. Ein Mitschüler, riet mir dazu. Dieser wurde später Berufsschullehrer in diesem Bereich. Er lebt heute nicht weit von uns in Bienenbüttel.

Ich dachte mir, diesen Beruf kannst du ausüben.

Es kam aber ganz anders!

Als Schüler installierte ich bei uns im Haus und auch bei Bekannten meiner Eltern in Lübeck, elektrische Leitungen, denn ich kannte mich technisch gut aus (Plusphase, Minusphase und Null-Leiter). Was mir nicht so bekannt war, waren die bautechnischen Vorschriften. Es wurde überwiegend früher mit flachen Unterputzleitungen aus gummiertem Material gearbeitet. Heute werden diese Kabel nicht mehr benutzt, weil sie mit der Zeit brüchig werden. In Badezimmern hätten sie auch schon damals nicht verlegt werden dürfen; dies wusste ich aber nicht. Heute werden „NYN 1,5 Durchmesser" verlegt.

Ich habe mich dann bei der Firma C. in Lübeck als Lehrling für Starkstromelektrik beworben. Diese Firma gibt es übrigens heute immer noch. Der Fahrstuhl in unserer Ferienwohnung in Scharbeutz wurde von dieser Firma gebaut.

Meine Bewerbung bei dieser Firma scheiterte allerdings an einem praktischen Test, weil ich einen geraden Draht nicht ordnungsgemäß zu einer quadratischen Schnecke biegen konnte. Ich wickelte den Draht von außen nach innen, dann passte es im Innern natürlich nicht. Ich hätte den Draht von innen nach außen biegen sollen, dann hätte ich im Außenbereich mehr Spielraum gehabt und die Aufgabe wäre richtig gelöst worden. Hierüber war ich im Moment natürlich sehr enttäuscht. Durch dieses Missgeschick ist mein Leben ganz anders verlaufen.

Ich besann mich dann auf Hinweise meiner Eltern, die es ohnehin gern gesehen hätten, dass ich etwas Kaufmännisches lernte.

Da mein Vater und meine Mutter erfolgreich als nebenberufliche Mitarbeiter für die V. Versicherung arbeiteten, wurden meine Eltern vom damaligen Geschäftsführer und dem Büroleiter angesprochen, ich könnte mich doch als Lehrling bei der V. bewerben. In der Geschäftsstelle Lübeck suchte man einen Lehrling.

Meine Eltern versüßten mir die Entscheidung mit dem Hinweis auf das damals gute Lehrlingsgehalt von 111,- DM monatlich. Dieses Lehrlingsgehalt wurde damals fünfzehn Mal gezahlt. (Im Mai gab es einmal ein Maigehalt und ein Urlaubsgehalt und zu Weihnachten ein Weihnachtsgehalt extra).

Außerdem gab es noch einen Zuschuss von 1,10 DM für einen Mittagstisch. Hierfür konnte man in speziellen Restaurants ein preiswertes Mittagsgericht erwerben. Im Wochenschnitt kam ich hiermit immer aus, sodass ich mein Erspartes oder mein Gehalt nicht fürs Essen benötigte.

Meine Mutter brachte auch das Argument, dass ich dann nicht immer in dreckiger Handwerkerkleidung herumlaufen müsse.

Diese vielen werbenden Argumente meiner Eltern überzeugten mich zwar immer noch nicht, aber mangels geeigneter Alternativen willigte ich schließlich ein, zumal ich zu jener Zeit auch noch stark mit dem Elternhaus verbunden war.

Am 01.04.1961 begann dann meine Lehre bei der V. in Lübeck.

Exkurs:

Nach vielen Eigentümerwechseln ist der V.-Versicherungs-konzern schließlich mit der italienischen Versicherungs-gruppe G. fusioniert worden, die u.a. im Jahr 2015 nichts Besseres zu tun hatte, als die vertraglich zugesicherten Rentenanpassungen aus unserer Gesamtversorgung, - geringer - anzupassen.

Vor dem Bundesarbeitsgericht ist noch kein Verfahren für die Rentner verloren gegangen. In meinem Termin vor dem Bundesarbeitsgericht in Erfurt am 23. Juli 2019 ist mein Verfahren wieder an das LA Gericht in Hamburg wegen gewisser Formfehler zurückverwiesen worden. (Vor dem Arbeitsgericht und dem Landesarbeitsgericht hatte ich vorher schon gewonnen.) Ich rechne damit, dass jetzt im Jahre 2020 ein endgültiges Urteil vom LA Gericht in Hamburg gesprochen wird. Eine Revision vor dem BAG ist dann vermutlich nicht mehr möglich.

Als ich mich mental daran gewöhnt hatte, nun doch nicht im Elektrohandwerk als Lehrling tätig zu werden, habe ich alles, was dann kam, einfach positiv gesehen, sodass ich vom ersten Tag an optimistisch zur Arbeit gefahren bin, auch wenn ich im ersten Jahr meiner Tätigkeit im Büro vieles für unsinnig und stupide hielt. Hierzu später mehr!

Klar voneinander abgegrenzte Ausbildungsabschnitte, die zwar vom Schulungsbereich in Hamburg vorgeben waren, gab es in einer Geschäftsstelle mit nur einem Lehrling nicht.

In Hamburg mit vielen Lehrlingen wurde dies von der Ausbildungsabteilung überwacht.

Ich hatte es aber nicht schlecht, weil ich mit allen Angestellten und dem Außendienst gut zurechtkam. Sie kannten mich und meine Eltern. Als Lehrling war ich, so würde man heute sagen, „Hahn im Korb". Die älteren Außendienstler fragten nach den Wochenenden immer interessiert, was ich denn so unternommen hätte. Ich schilderte auf humorvolle Weise, was ich mit meinen Freunden alles unternommen hatte. Als wir einmal mit einem alten VW-Bus mit mehreren Freunden nach Holland fuhren und wir erst am Montagmorgen um 4 Uhr wieder zu Hause waren, ich aber um halb acht im Büro sein musste, war die Neugier umso größer.

Dies waren dann so Arbeitstage, an denen ich mich gern anbot, wieder mal zum Einwohnermeldeamt zu gehen, um ungeklärte Adressen zu klären. An solchen Tagen „dauerte es eben etwas länger"; ich habe mir schon damals meine Freiräume genommen. Die Geschäftsstelle Lübeck gehörte damals zu den gut geführten Geschäftsstellen. Außenrevisoren überprüften regelmäßig die Geschäftsstellen.

Ich sagte schon, dass ich im ersten Jahr meiner Ausbildung viele Arbeiten für unsinnig und stupide hielt. Ich musste z.B. tagelang sogenannte Registerkarten aus Karteikästen ziehen und neue wieder einsortieren. Heute kann man sich solche Arbeiten nicht mehr vorstellen, weil alle Daten per Computer sortiert werden. Es gab sogenannte laufende aktuelle Karteien von aktuellen Versicherungsbeständen und solche, die bereits storniert waren. Oder von Versicherungsnehmern, die mal in den Ostgebieten versichert waren und deren Vertragsverhältnisse unklar waren. Diese Kartei wurde als sogenannte Reichsmarkkartei bezeichnet.

Ein bäuerlich anmutender Sachbearbeiter, der als Quereinsteiger in der Nachkriegszeit irgendwie mal zur V. gestoßen war, nahm sich besonders wichtig und lebte sich in dieser Arbeit richtig aus. Er rügte mich gelegentlich wegen alphabetisch falsch abgelegter Karten.

meine Arbeit hatte ich mir ganz anders vorgestellt. In der wöchentlich stattfindenden Berufsschule fühlte ich mich dann aber wohl, weil ich erstens mit Gleichgesinnten zusammentraf und ich wegen guter Leistungen auch bei den Lehrern und Mitschülern Anerkennung fand. Aus dieser Zeit kenne ich heute noch meinen Freund R. W. Er wohnt mit seiner Frau noch in Lübeck. Wir sehen uns regelmäßig ein- bis zweimal im Jahr. R. hat damals in der Direktion der „National" in Lübeck gelernt. Später wurde die National von der Colonia übernommen, jetzt ist es die AXA Gruppe.

Mit der Berufsschule machten wir auch Klassenfahrten. Ich kann mich noch gut an die Fahrt nach Österreich zur Zwieselalm erinnern. Unser Klassenlehrer L., der damals auch noch relativ jung war, begleitete uns mit seiner Frau. Es war für ihn nicht einfach, so eine ausgelassene junge Mannschaft von Jungen und Mädchen zu beaufsichtigen.

Zu diesem Klassenlehrer baute ich ein gutes Verhältnis auf. Er schlug mir vor und motivierte mich, später an der Fachhochschule in Köln zu studieren. Dies war seinerzeit die einzige Fachhochschule, die sich auf das Versicherungswesen spezialisiert hatte.

Übrigens: Damals musste ich jeden Tag mit dem Zug nach Lübeck fahren. Es gab in Bad Schwartau zwei Bahnhöfe; von beiden konnte man nach Lübeck fahren: der sogenannte Travemünde-Bahnhof (hier fuhren die Züge von Lübeck über Schwartau nach Travemünde und zurück) und der sogenannte Eutiner Bahnhof (er war der nächste für mich und der geeignetste). Von zu Hause ging ich ca. 15 bis 20 Minuten zum Bahnhof. Vom Lübecker Hauptbahnhof ging ich nochmal ca. 20 Minuten zum Klingenberg, wo sich das Geschäftsstellengebäude befand.

Die Monatsfahrkarte für Lehrlinge kostete damals 4,50 DM (ca. 2,30 €) Es gab noch Raucherabteile, und die Sitzbänke waren aus Holz. Der Zug wurde von einer Dampflock gezogen. Die Fahrt nach Lübeck dauerte ca. 10 Minuten. Im Sommer war es sehr romantisch. Zu Beginn eines jeden Wagens gab es eine Außenstehplattform. Hier konnte man verweilen und sich den Wind oder den Schornsteinqualm der Lock um die Ohren wehen lassen.

Wegen der nicht systematischen Ausbildung ging ich im zweiten Lehrjahr zum Büroleiter und klagte ihm mein Leid bezüglich der Ausbildung.

Ich war damals schon selbstbewusst und wollte sagen, was ich für richtig hielt. Ich erwähnte u.a., dass ich mein Versicherungswissen bisher ausschließlich von der Berufsschule hätte. „Wenn ich eine Schlachterlehre gemacht hätte und zur Versicherungsschule gegangen wäre, hätte ich das gleiche Wissen." So argumentierte ich gegenüber dem Büroleiter.

Man reagierte mit Verwunderung und trommelte dann die Gruppenleiter („Sach" und „Buchhaltung") zusammen. Die Ausbildung wurde besser. Man kannte sich einfach mit der

Ausbildung von Lehrlingen nicht aus. Ich habe dem Büroleiter keinen Vorwurf gemacht. Er war damals schon ca. 60 Jahre alt und in einer ganz anderen Welt groß geworden. Herr Sp. war korrekt und hatte die Geschäftsstelle im Innendienst voll im Griff.

Wie schon gesagt, meine anfängliche Unzufriedenheit legte sich dann zunehmend, als ich später in die Sachabteilung kam. Hier gab es einen fachlich versierten ersten Sachbearbeiter. Bei ihm lernte ich viel; er ließ mich „schalten und walten". Es machte Spaß, richtige Regulierungsbriefe zu schreiben.

Interessant war es auch, sich damals mit den Außendienstlern zu unterhalten. Hier lernte ich schon frühzeitig die unterschiedlichen Charaktere des Außendienstes kennen. Junge und dynamische Verkäufer und Organisatoren, aber auch Personen, die darauf bedacht waren, das Vertriebsbesoldungssystem auszunutzen.

Die damaligen Verkäufer - sie hießen Inspektoren - waren angestellte Außendienstler (heute gibt es so etwas im Verkaufsaußendienst fast nicht mehr). Sie hatten im Krankheitsfall Anspruch auf Verdienstausfall. D.h. wenn vorher gut akquiriert wurde, bekam man danach eben auch guten Verdienstausfall.

Die V. war damals ein gewerkschaftlich geprägter Betrieb. Anteilseigner waren die Gewerkschaften (entstanden um die Jahrhundertwende), um auch den armen, einfachen Leuten richtigen Versicherungsschutz mit Erhalt ihrer Guthaben anzubieten.

Zu der Zeit hatte ich dann schon relativ klare Vorstellungen und wusste, dass auch ich einmal erfolgreich sein wollte. Deshalb strebte ich an, ein Studium in Köln zu beginnen. Ich dachte schon längst nicht mehr daran, dass ich mal Starkstromelektriker werden wollte. Ich war froh, dass es nicht geklappt hatte. Die Versicherungswirtschaft war jetzt das, was ich wollte.

Die damalige Geschäftsstelle war eine gute Gemeinschaft, kollegial gut miteinander verbunden. So wurde auch zum Monatsende das meist gute Neugeschäft mit einem kleinen Umtrunk gefeiert; es gab auch Weihnachtsfeste, die immer sehr harmonisch waren.

Dieser Zusammenhalt im gewerkschaftlich-genossenschaftlichen Umfeld, in dem man sich damals überwiegend duzte, war schon etwas Besonderes. Auch die Rücksichtnahme gegenüber Kollegen. Dies habe ich später nie wieder so erlebt.

Da ich damals Lehrling und der Jüngste war, hatte ich eine gewisse Sonderstellung und wurde deshalb auch teilweise hofiert. Ich spielte damals im Kirchenchor Posaune und bot mich an, anlässlich des sechzigsten Geburtstages unserer Buchhalterin in Schwartau mit unserem Posaunenchor ein Ständchen zu spielen.

In jener Zeit, als ich schon den Führerschein hatte, trug man mir auch an, zu Werbezwecken für ein Autohaus eine alte Ford-Limousine, Baujahr 1928, zu fahren. Hierfür wurde ich sogar bezahlt, weiß aber nicht mehr, was ich bekam. Ich weiß nur, dass es mir richtig viel Spaß bereitete, so einen schönen alten Oldtimer mehrmals nachmittags/abends nach Feierabend oder am Samstag durch die Innenstadt von Lübeck fahren zu dürfen. Es war ein Abenteuer; ich stellte fest, dass das Fahrverhalten nicht mit den damals neuen Fahrzeugen standhalten konnte. Es waren Blattfedern, die sehr weich reagierten; beim Hoch- und Runterschalten musste mit Zwischengas gefahren werden.

Manchmal - das muss ich gestehen - knirschte auch das Getriebe, was nicht sein sollte und durfte. Meine Freunde waren damals ganz neidisch, dass sie dieses Vergnügen nicht hatten.

In der V. erzählte ich dies auch. Viele Kolleginnen und Kollegen freuten sich, dass ich so flexibel und aufgeschlossen war.

Mal wurde ich auch vom Außendienst mit auf Werbung genommen, was mir gut gefiel. Im Innendienst lud mich unsere alte Buchhalterin, Frau Sch., die selbst keine Kinder hatte, ein- oder zweimal nach Bad Schwartau zum Mittagessen in ihre Wohnung ein. Ihr Mann und sie freuten sich, einem jungen Mann etwas Gutes tun zu können.

Und so verbrachte ich meine Lehrzeit!

Bevor die Lehrzeit zu Ende ging, musste noch die Kaufmannsgehilfenprüfung abgelegt werden. Wir bereiteten uns gut vor, lernten gesellschaftsübergreifend zusammen und hatten auch den Ehrgeiz, gut abzuschließen. Eine gute Note war für mich auch Voraussetzung, nach Köln zum Studium zu gehen.

Die schriftlichen Arbeiten wurden geschrieben; daran kann ich mich nicht mehr so gut erinnern. Als der Tag der mündlichen Prüfung kam, mussten wir in die Industrie- und Handelskammer kommen und trafen auf einen „gemischten" Prüfungsausschuss, bestehend aus Praktikern und Lehrern und sonstigen Beisitzern. Wir wurden zu dritt vor dieses Prüfungsgremium gebeten.

Ich denke, wir haben uns dort ganz gut geschlagen. Ich weiß noch genau, dass R. und ich mit einem „gut" bestanden haben. Bei C. weiß ich es nicht mehr so genau.

Für uns alle waren die Prüfungsergebnisse wichtig, wurden doch die Lehrlinge bei gutem Abschluss meist gleich etwas höher in der damaligen Tarifstruktur eingestuft. Dass Lehrlinge (heute heißen sie Auszubildende) nicht übernommen wurden, gab es gar nicht.

Wir haben diesen Tag feuchtfröhlich ausklingen lassen und sind dann später - ich glaube am nächsten Tag - wieder stolz an den Arbeitsplatz gegangen und haben unser Zeugnis präsentiert.

Als ich mich mal über die Ausbildung beklagte (ich berichtete darüber), fragte mich der Büroleiter, ob ich Angst vor der Prüfung hätte. Ich sagte damals schon nein; nach der mündlichen Prüfung zeigte ich mit deutlicher Genugtuung das Abschlusszeugnis. Er freute sich dann auch, dass er ein gutes Ergebnis in die Direktion nach Hamburg melden konnte, fiel es doch auf seine gut geführte Geschäftsstelle zurück.

Nach der Prüfung ging es uns dann natürlich bestens!

Wir waren jung, hatten Freunde und waren an Wochenenden immer unterwegs. Im Sommer waren wir oft am Timmendorfer Strand und hatten Spaß. Auch schon damals wurde Kurtaxe in Timmendorf kassiert, wir haben diese aber nie bezahlt. Wenn „Schneewittchen" kam - so nannten wir die strohblonde ältere Dame - rannten wir weg und machten auch noch unsere Späße über sie. In Timmendorf an der alten Seebrücke war es natürlich am interessantesten. Wir sprangen hinten ins Wasser, zogen alte Badeanzüge aus den 20er Jahren an und machten Faxen.

Teilweise waren wir auch an der „Kammer", dies ist der Strand zwischen Timmendorf und Scharbeutz, wo sich heute unsere Ferienwohnung in Scharbeutz befindet.

Zu meinen Freunden zählten „Pipi" (W.V.), „Tango" (W. Z.), T. N., P. Z. und H. T..

Es gab damals auch schon Diskotheken. Die bevorzugten Aufenthaltsorte waren aber sog. größere Räumlichkeiten, wo getrunken und getanzt werden konnte: in Ratekau das Trocadero und in Bad Schwartau die Waldhalle.

In Lübeck gab es das River Boot auf der rechten Seite vor dem Holstentor und den „Kahn" auf der linken Seite vor dem Holstentor.

Beides waren ausgediente Schiffe, die nicht mehr fuhren. Auf dem River Boot wurde wirklich guter Jazz gespielt, es war überhaupt die Zeit, als Jazz sehr viel mehr im Vordergrund stand. Michael Naura und ähnlich gute Jazzspieler konnte man da antreffen. Ich weiß gar nicht, ob ich jemals auf dem Kahn gewesen bin; dort war das etwas „reifere" Publikum.

Wir amüsierten uns mit wenig Geld; wir versuchten auch meist, ohne Eintritt in die Lokalitäten zu kommen.

Während der Lehre hatte ich schon meinen Führerschein gemacht. Mit 18 Jahren konnte man den Führerschein bekommen. Ich lernte mit einem VW Käfer in der Fahrschule St. in Bad Schwartau. Mir reichten zehn Fahrstunden. Da es in

Lübeck in der Innenstadt viele Einbahnstraßen gab, wusste ich genau, wo und wie man sich im Verkehr verhalten muss. Am 10. Oktober 1962 machte ich dann die Fahrprüfung.

Dies war insgesamt eine sehr angenehme Zeit. Ich war jung, wurde noch im Elternhaus versorgt und konnte mit meinen Freunden ungezwungen einiges unternehmen. Auch beruflich hatte ich viele Freiheiten.

Da die V. ein gewerkschaftlich-genossenschaftliches Unternehmen war, wurde man per „freiwilligem Zwang" gebeten, der Gewerkschaft HBV (Handel, Banken und Versicherungen) beizutreten.

Hiermit hatte ich aber keine Probleme, weil ich mich schon damals den Sozialdemokraten, der ältesten Partei Deutschlands, sehr verbunden fühlte.

Im Übrigen war es damals chic, „links" zu sein. Insofern war es auch naheliegend, in der Gewerkschaft - in der Gewerkschaftsjugend - mitzuarbeiten.

So kam es, dass ich mit der Gewerkschaftsjugend aus Lübeck im Sommer 1962 in ein Zeltlager nach Südfrankreich fuhr. Organisiert wurde diese Reise von der Jugendreisegesellschaft „Fahr Mit". Ins europäische Ausland zu fahren, war zu jener Zeit etwas Besonderes. Wir fuhren drei Tage von Lübeck nach Canet Plage mit dem Bus. Dort schnorchelten und badeten wir jeden Tag. Es war eine unbefangene Zeit. Abends gingen wir in sogenannte Strandbars und amüsierten uns. Der Twist, ein Tanz im 4/4-Takt, war zu Beginn der 60er Jahre „in". Die französischen Jugendlichen machten eine gute Figur bei diesem Tanz. Ich war in dieser Disziplin auch mit mir zufrieden.

Wir machten von dort einen Ausflug nach Barcelona und besuchten unter anderem auch die Stierkampfarena. Anfänglich fand ich es interessant. Später habe ich mich vor diesem Abschlachten der Tiere nur geekelt, und heute würde ich so etwas nicht mehr sehen wollen.

Diese Reise ans Mittelmeer gefiel mir so gut, dass ich beschloss, im darauffolgenden Jahr, also 1963, wieder an denselben Ort zu fahren. Da wir die Örtlichkeiten und die Unterbringungsmöglichkeiten kannten, traute ich mir zu, die Reise auf eigene Faust zu organisieren. Ich fragte meinen Schulfreund Fiete, einen Hotelierssohn aus Bad Schwartau, ob er mitkommen wolle.

Wir beschlossen, im darauffolgenden Jahr per Anhalter nach Südfrankreich zu fahren. Mit dem Trampen hatten wir Erfahrung, da wir im Sommer fast jeden Tag an die Ostsee trampten.

Es gab damals in Frankreich kaum Autobahnen, sodass wir gut vier Tage brauchten, bis wir in Canet Plage ankamen. Wir versuchten, möglichst bis in die Dunkelheit zu trampen, fanden dann allerdings meist keine Unterkunft mehr und waren auch zu faul, unser Zelt aufzubauen. Direkt im Freien wollten wir auch nicht schlafen, ein wenig Angst hatten wir schon. Deshalb bedeckten wir uns mit einer Decke. Einmal schliefen wir in einem Kornfeld. Der Vorteil war, dass uns niemand sehen konnte. In Canet Plage angekommen, fühlten wir uns dann wieder wohl.

An eine Begebenheit kann ich mich noch gut erinnern: Wir wollten einen Ausflug in die nahe gelegenen Pyrenäen machen, haben aber nicht bedacht, dass diese sehr hoch sind und es dort sehr kalt sein kann.

Unser Ziel war es, in den Zwergstaat Andorra zu reisen. Wir hatten nicht gut geplant und schafften es nicht an einem Tag. Am letzten Pass, 2407 Meter hoch, verkrochen wir uns in ein baufälliges Haus und mussten frieren, weil wir keine warme Kleidung und keine Decken dabei hatten. Am nächsten Tag kamen wir dann in Andorra an.

Wenn man jung ist, handelt man oft unüberlegt. Es ist alles gut gegangen. Auf diese Weise zu reisen, kann ich jungen Leuten aus heutiger Sicht allerdings nicht mehr empfehlen.

Einen weiteren interessanten Auslandsaufenthalt hatte ich auch Anfang/Mitte der 60er Jahre.

Meine Schwester Ch. hatte bei uns in der Schnoorstraße eine Austauschschülerin aus England zu Gast. Sie hieß Jill B.. Die Besuche wurden danach gegenseitig intensiviert, sodass ich ebenfalls Gelegenheit hatte, die Familie in London zu besuchen. Auch meine Eltern waren dort zu Besuch.

Familie B. wohnte in einer typischen englischen Reihenhaussiedlung mit einer anschließenden Autowerkstatt. Mr. B., so wie ich ihn immer nannte, war ein guter Handwerker und reparierte Fahrzeuge der Marke Rolls Royce. Er besaß auch ein schönes, altes Motorrad mit Beiwagen.

Man beklagte sich darüber, dass immer mehr farbige Personen sich dort in der Straße ansiedelten. Ich verstand zunächst nicht, warum man es nicht wollte. Dann hörte ich, dass diese Menschen, sich ganz anders verhielten als die Einheimischen und dadurch die Immobilienpreise in der Straße sanken.

Mr. B.`s Bruder Jack, zu dem ich auch Kontakt hatte und der Banker bei der Barkley Bank war, ermöglichte es mir, als angehendem Versicherungskaufmann, den Versicherer Lloyds und die Versicherungsbörse zu besuchen. Außerdem hatte ich Gelegenheit, ca. vier Wochen bei Barclays zu arbeiten. Für ca. 25 Mitarbeiter wurde mittags gekocht. Das Essen wurde von mehreren Personen serviert. Diese Großzügigkeit kann man sich heute gar nicht mehr vorstellen.

Mit der ganzen Familie unternahmen wir Ausflüge an die Südküste und ins Umland von London. Auch war es mir vergönnt, die vielen Sehenswürdigkeiten und Besonderheiten von London zu erleben.

Bis heute haben wir einen guten Kontakt zu unserer englischen Gastfamilie.

Am 14.10.1962 konnte ich stolz meinen Führerschein abholen. Den Motorradführerschein habe ich gleich mitgemacht; ich musste in der Fahrschule einmal im Kreis fahren und hatte dann auch den Motorradführerschein.

Meine Mutter, die zu der Zeit noch keinen Führerschein hatte, machte kurze Zeit später auch noch den Führerschein.

Von unserem ersparten Geld kauften wir gemeinsam unser erstes „sehr gebrauchtes" Auto; es war ein DKW „2 Takter" 3 gleich 6, so hieß er, glaube ich, damals, in grauweiß.

Wir nutzten das Auto beide und genossen es, etwas beweglicher zu sein.

Es gab nie Probleme wegen des Autos, weil wir schon immer ein gutes Verhältnis hatten.

Jetzt konnte meine Mutter auch meinen Vater gelegentlich nach Lübeck zur Arbeit fahren. Ich weiß nicht mehr genau wann, aber zwischenzeitlich hatte er einen Arbeitsplatz als Buchhalter bei den Lübecker Flenderwerken, einer Schiffswerft, erhalten.

Damals musste man noch nach der Schule (Abitur) oder Lehre 18 Monate zum Militärdienst. Beim Militärdienst gab es damals monatlich 69 DM (ca. 33 €) Sold. Ich wollte für so wenig Geld nicht tätig werden und bewarb mich beim Bundesgrenzschutz. Hier war ich Beamter auf Widerruf. Wenn man dort nach 1 1/2 Jahren aufhörte, hatte man mit diesem Dienst auch gleichzeitig den Bundeswehrdienst erledigt und wurde nie wieder zu irgendwelchen Wehrübungen einberufen. Mein Beamtengehalt war damals ca. 430 DM (ca. 215 €) Über diesen Weg gab es dann sogar mal einen Beamten in der Familie.

Als Beamter habe ich mich aber nicht mit Ruhm bekleckert, da ich diese Tätigkeit nur als ein „Pflichtmuss" betrachtete. Dort war ich vom 01.04.1964 bis zum 30.09.1965.

Wir hatten neun Monate Grundausbildung (Bundeswehr nur drei Monate) und wurden in dieser Zeit ziemlich schikaniert und gehetzt. Die Grundausbildung machten wir in Dannenberg in Niedersachsen. Hier wäre beinahe eine Katastrophe passiert: Wir hatten Wache und geladene Pistolen. Einer der Wachhabenden war selbst Waffenfreund und wollte zeigen, wie eine Waffe durchgezogen wurde und schoss. Die Kugel flog einen halben Meter direkt an meinem Kopf vorbei. Es gab eine große Bestürzung, aber der Vorfall wurde von den Vorgesetzten „unter den Tisch gekehrt".

Die meisten Grenzjäger, wie wir damals hießen, hatten ähnliche Pläne und wollten nach eineinhalb Jahren wieder weg vom Militär oder Grenzschutz. Entsprechend war natürlich auch unser Verhalten. Unsere ranghöheren und älteren Vorgesetzten waren vermutlich noch Leute, die im Dritten Reich gedient hatten. Die Zugführer waren jüngere Leute, nicht viel älter als wir, waren aber natürlich noch durch den Einfluss der alten „Kommissköppe" geprägt. Diese Leute blieben in der Regel acht Jahre im Grenzschutzdienst und wurden dann später in den mittleren Beamtendienst übernommen.

Fritz O., der Mann der Freundin meiner Frau aus Winsen, war acht Jahre beim Grenzschutz und wurde später Gerichtsvollzieher beim Amtsgericht Winsen. Leider ist er im Jahre 2019 verstorben.

Wir waren mit vier Leuten auf einem Zimmer; Eisengestell-Betten und harte Grasmatratzen waren unsere Schlafstätten. Morgens musste der ganze Zug (ca. 30 Personen) zum Appell antreten und wehe, die Befehle wurden nicht zackig pariert oder zu lasch ausgeführt, dann drohte Wochenendverbot. Hierauf wollten wir natürlich nicht verzichten, warteten doch meine Freunde in Schwartau auf mich. Wir fuhren damals im VW Käfer und dreckiger Wäsche mit fünf Personen von Neu Tramm über Lüchow, Bleckede und Lauenburg nach Lübeck und Bad Schwartau. Sonntagabends ging es wieder zurück.

Morgens wurde vor versammelter Mannschaft Post in der Kaserne verteilt. Die Postkarten wurden von den Vorgesetzten sicherlich auch gelesen.

Wolfgang Z. und Thomas N. erlaubten sich mal einen Scherz und schickten mir eine offene Briefkarte mit einer unbekleidete Dame in einem Eisengestell-Bett. Einer unserer knorrigen Vorgesetzten ließ sich dann vor versammelter Mannschaft ganz genüsslich darüber aus, dass so etwas nicht gehe: „In unserer Kaserne herrscht Ordnung!" Ich hatte keine Chance, dies richtig zu stellen.

Einen sehr positiven Eindruck hatte ich von der Grundausbildung: Wir wurden zum Sport und zu extremen Wald- und Langläufen bis zur Erschöpfung gezwungen; später vermisste ich dies, und deshalb liefen wir danach freiwillig und trieben Sport.

Später wurde ich nach Lübeck versetzt; ich wurde zusammen mit einem Kameraden strafversetzt, weil wir im Winter in Beidendorf (ein kleiner Ort bei Lübeck) oben auf dem Wachturm nachts eingeschlafen waren. Wir hatten winter- und wetterfeste Kleidung an. Kälte und Schnee in dieser Nacht konnten uns nichts anhaben. Wir wurden beim schlafen erwischt und in der Form bestraft, dass wir in Lübeck in eine Stabsfunkstelle versetzt wurden. Dies war für uns optimal.

Wir hatten eine klassische Fünf-Tage-Woche. In den letzten Monaten meiner Grenzschutztätigkeit bestand unsere Aufgabe darin, alle Fernschreiben in Lübeck entgegenzunehmen.

Damals gab es weder E-Mails, gescannte Dokumente, Faxe noch Fotokopiergeräte. Mechanische Maschinen stanzten Löcher in ein 2 cm breites Rollband. Dies war alles verschlüsselt. Auf Geräten in der Empfangsstation konnte man diese Mitteilungen dann empfangen.

Man brauchte damals in unserer Fernmeldekompanie Funker und Kabelleger. Ich konnte oder wollte beides nicht richtig. Da ich bei meinen Funkübungen nicht schnell genug war, wurde ich zu den Kabellegern abkommandiert. Auf oder vor den Manövern mussten diese Kabel verlegt werden, um gute Fernmeldekontakte zu haben.

Da ich mich nie von der „dienstgeilsten" (das war damals unser Sprachgebrauch) Seite gezeigt hatte, wurde ich auch in den ersten eineinhalb Jahren nicht befördert; dies hätte normalerweise nach 15 Monaten angestanden. Ich wäre dann vom Grenzjäger zum Grenztruppjäger mit einem Mehrgehalt von 30 DM aufgestiegen. Diesem Tatbestand habe ich aber nie nachgetrauert und konnte sehr gut damit leben.

Übrigens, mein Freund Reinhold W., den ich schon erwähnte und aus der Lehrzeit kannte, hatte das richtige „Gehör" und war ein guter Funker; meines Wissens wurde er zum Grenztruppjäger befördert.

So ging die Zeit beim Bundesgrenzschutz (BGS) zu Ende und ich war froh, wieder zurück in mein altes Umfeld zu kommen.

Zwischenzeitlich war ich knapp 21 Jahre alt und naturgemäß auch selbstständiger geworden. Für mich war es klar, dass ich zunächst wieder im Hause einzog und von dort meiner Tätigkeit in Lübeck bei der V. nachging.

Ich erkundigte mich dann auch bald, welche Unterstützungsgelder ich für mein beabsichtigtes Studium in Köln von der V. erhalten könnte. Für das Studium in Köln war zunächst ein praktisches Jahr in der Versicherungswirtschaft als Versicherungskaufmann erforderlich.

Ich erfuhr, dass es in der Schulungsabteilung einen Fördertopf für solche Fälle gab. Vor mir hatte eine einzige Person bei der V. Leben diese Fördermittel in Anspruch genommen. Es war Norbert E., zu dem ich auch später immer noch ein gutes Verhältnis hatte. Wir waren auch ein paarmal zusammen segeln auf der Ostsee.

Ca. 35 Jahre lang war ich immer Skipper, wenn wir eine Woche auf der Ostsee auf einem meist „35-Fuß- Schiff" segelten.

Nach der Bundeswehrzeit besuchte ich Norbert E. in Hamburg. Er erzählte mir vieles vom Studium, was mich sehr beeindruckte und mir Respekt abnötigte. Aber ein Zurück gab es nun nicht mehr. Ich hatte es mir vorgenommen, und ich wollte es auch.

Die V.-Unterstützung betrug 430 DM im Monat. Bei bescheidenem Leben konnte man hiermit zurechtkommen. Um diesen Wunsch dann offiziell vorzutragen und um die Fördermittel zu beantragen, fuhr ich mit meinem Vater, der ja ein erfolgreicher nebenberuflicher Mitarbeiter in der Geschäftsstelle Lübeck war, zum Personalchef Herrn Rudi S. nach Hamburg. Wir wurden freundlich begrüßt und hatten Gelegenheit, mein Anliegen vorzutragen. Ich kann mich noch gut an die ausschweifenden Begründungen erinnern, warum ein erfolgreiches Weiterarbeiten im Unternehmen besser wäre als ein Studium in Köln. In einem gewerkschaftlich-genossenschaftlichen Unternehmen brauche man für das „normale Geschehen" keine Studierten. Die brauche man nur da, wo es unbedingt nötig sei, z.B. in der Mathematik. Ich hätte doch alle Chancen bei der V..

Wie die Dinge dann im Einzelnen weiterliefen, weiß ich nicht mehr genau; ich denke, vieles lief über die Geschäftsstelle Lübeck. Ich habe mich jedenfalls von meinem Vorhaben, nach Köln zu gehen, nicht abbringen lassen.

Später musste dann noch geklärt werden, wo und wie ich in Köln wohnen könnte. Über die Geschäftsstelle Köln erfuhren wir, dass ein Organisationsleiter vorübergehend in Frechen ein Zimmer bei einer Witwe mit Kind hatte und dieser zum 01.10.1966 ausziehen wollte. Dies war unsere Chance. Ich zahlte 80 DM im Monat und musste ca. 25 Minuten mit der Bahn in die Innenstadt fahren, wo sich die Fachhochschule in der Richard-Wagner-Str. 47 befand.

Da wir in Köln Verwandte hatten, wollten wir auch sie noch fragen. Mein Großvater Johannes Klünder hatte viele Geschwister. Seine Brüder gingen in jungen Jahren als Handwerker auf Wanderschaft. Einer der Brüder meines Großvaters ist so in Köln „hängen geblieben". Sein Sohn Joseph K. war also ein Cousin meiner Mutter. Joseph war verheiratet. Seine Frau hieß Maria. Sie hatten zwei Töchter in meinem Alter, Karin und Hannelore. Sie wohnten „linksrheinisch".

Ich wohnte zwar nicht bei der Verwandtschaft, sie waren aber doch Ansprechpartner in einer „neuen Welt". Mir war es sehr recht, dass ich dort fast jedes Wochenende - meist sonntags - eine warme Mahlzeit bekam.

Unsere Verwandten wohnten in einer einfachen Etagenwohnung linksrheinisch in Köln-Mühlheim. Ich konnte dort mit der Straßenbahn gut hinkommen. Es gab deftiges Essen, meist gekochte Kartoffeln, Gemüse und Schweinekotelett.

Als ich am Samstag, den 22. Oktober 1966 aus Mühlheim abends gegen 20 Uhr zurückkam, dachte ich, geh nochmal ins Café Paris am Ring. Das war eine angesagte Kneipe mit Tanz und vielen jungen Leuten, meist Studenten.

Hier im Café Paris habe ich das erste Mal Roswitha, meine jetzige Frau getroffen. Sie war bei einer Freundin, Ruth, am Wochenende zu Besuch. Auch Ruth war an dem Abend im Café Paris.

Seit dem Jahr 2016 kenne ich meine Frau nunmehr schon über 50 Jahre.

Wie gesagt, die Studentenzeit war neu für mich. Unsere Dozenten, meist Professoren, unterrichteten uns in Gruppen von 30 bis 40 jungen Leuten. In meinem Semester gab es nur eine Studentin und einen persischen Studenten. Letzterer sprach nicht gut Deutsch und ist meines Wissens auch nach der Zwischenprüfung nach drei Semestern ausgeschieden.

Im ersten Semester wohnte ich in Frechen. Nach Abschluss des Semesters im Januar ging ich dann wieder nach Lübeck und arbeitete dort in der Geschäftsstelle. Dies war so vorgesehen, da ich meine Stipendiumsbezüge ja durchgängig von der damaligen V. Lebensversicherung bekam. Insofern brauchte ich in Köln keine Miete zu bezahlen. Im zweiten Semester war ich dann schon erfahrener, kannte mich im Studienbetrieb aus und hatte Freundschaften mit Kommilitonen geschlossen.

Ich hatte damals bei Prof. Dr. G., der u.a. auch für das Fach Lebensversicherung zuständig war, immer ein komisches Gefühl, weil er mich nicht richtig wahrnahm. Zu jener Zeit waren die Menschen oft noch durch das Dritte Reich geprägt und konservativ. Vermutlich passte ich nicht in sein Raster. Ich kam von der gewerkschaftlich-genossenschaftlichen Lebensversicherungsaktiengesellschaft, die von Gewerkschaftern und überwiegend Sozialdemokraten gegründet wurde.

Man muss wissen, dass der Gerling-Konzern, damals noch von Herrn Gerling persönlich geführt, in Köln ansässig war und die meisten Studenten geschickt hat. Herr Gerling war zwar ein konservativer Patriarch, aber auch ein richtiger Unternehmer, der für „sein" Unternehmen Verantwortung trug.

Zumindest in der Versicherungswirtschaft gibt es so etwas nicht mehr.

Gerling war damals ein Beispiel für kapitalistisch geprägte Unternehmensführung, die V., als Außenseiter auf dem deutschen Versicherungsmarkt, das gewerkschaftlich geprägte Gegenstück.

Beide Organisationstypen haben nicht überlebt. Gerling hatte sich als Patriarch übernommen und die Gewerkschaften, als Anteilseigner der V., hatten im Management m.E. versagt und sich über die Machtstrukturen der qualifizierten Mitbestimmung von „machtgeilen", nicht zu bremsenden, gewerkschaftlich beeinflussten Mitarbeitern und Mitarbeiterinnen bestimmen lassen. – Später mehr dazu.

Im zweiten Semester zog ich in eine alte Innenstadtvilla in die Richard-Wagner-Straße. Sie kostete 180 DM monatlich und hatte ein großes Wohnzimmer zur Richard-Wagner-Straße hin ausgerichtet. Ich wohnte dort mit Wolfgang Sch., der aus Frankfurt kam und eine Freundin hatte, die Prima Ballerina beim Ballett war.

Wir hatten im Bad zwar kein heißes Wasser, doch dies machte nichts; wir haben kalt geduscht und wer baden wollte, musste den Ofen mit Holz einheizen.

Zu dieser Zeit fuhr ich nur noch wenig nach Mühlheim; jetzt stand Roswitha stärker im Fokus. Wir besuchten uns gegenseitig. Sie hatte damals einen kleinen Fiat 600 und später einen Renault Daufine. Sie besuchte mich nicht jede Woche, sondern nur gelegentlich. Damals war es noch so, dass Roswitha sich gegenüber ihren Eltern - beide katholisch - etwas einfallen lassen musste, wenn sie fragten, wo sie denn in Köln übernachte. Ruth musste dafür herhalten.

Diese Notlügen gab es vermutlich schon vor 1000 Jahren, und sie wird es auch in Zukunft immer geben.

Ich habe damals viel Neues erlebt; der Studienbetrieb hat uns gefordert. Mit meinem Zimmerkollegen Wolfgang Sch. habe ich mich gut verstanden. Er kam damals von dem Großmakler Jauch und Hübner und kannte sich im großgewerblichen Sach- und HUK-Geschäft gut aus.

Nach dem Studium verloren wir uns leider aus den Augen; ich erfuhr, dass er mithilfe von Dietmar N. das Büro Gerling in New York geleitet hat.

Sehr oft hatte ich auch Kontakt zu Dietmar N.. Er kam aus einfacheren Verhältnissen, war aber sehr ehrgeizig und bei Gerling für das Auslandsgeschäft zuständig. Auch als er dann Vorstand für das Auslandsgeschäft bei Gerling geworden war, telefonierten wir gelegentlich noch miteinander. Leider ist er viel zu früh - noch in seiner aktiven Zeit - an Krebs gestorben.

Wir waren jung, und die Zeit war sehr ereignisreich. Wir machten auch Ausflüge, z.B. fuhren wir mit einem VW Käfer nach Prag, das zum sogenannten Ostblock gehörte. Die Preise bzw. die Wechselkurse für DM waren sehr günstig.

Der Regierungschef Dubcek öffnete sich gegenüber dem Westen; man nannte es den Prager Frühling. Diese Zeit erlebten wir damals in Prag mit. Leider endete dieses für die Menschen angenehme Leben abrupt, als ein Vierteljahr später die Russen das Land besetzten und mit Panzergewalt die Zustände wieder einführten, die auch sonst im Ostblock herrschten. Das Militär der damaligen DDR unterstützte die Russen bei der Unterdrückung des tschechischen Volkes.

Zu jener Zeit lehnten sich vornehmlich Studenten gegen das rechtslastige Establishment der Adenauerregierung auf.

Viele Studenten und Jugendlichen verherrlichten die sozialistischen Freiheitskämpfer Südamerikas und streikten. Man wollte auch auf den Universitäten bessere Bedingungen.

Initiiert wurden diese Aktionen aber im Wesentlichen von revolutionären, links und kommunistisch geprägten jungen Leuten.

Die Mehrheit der jungen Leute wollte etwas lernen und Spaß haben.

Im dritten Semester – ich wohnte immer noch mit Wolfgang Sch. in der Lindenstraße – stand dann die Zwischenprüfung an. Ich war stolz, die Zwischenprüfung bestanden zu haben.

Roswitha und ich waren jetzt häufiger zusammen, und wir liebten uns sehr.

Das Studentenleben zog sich so hin und nach fünf Semestern stand die Abschlussprüfung an. Entsprechend meiner Noten fühlte ich mich sehr sicher, auch den Abschluss zu schaffen.

Alle Fächer wurden geprüft. Zusätzlich musste eine Examensarbeit von ca. 100 Seiten angefertigt werden. Diese Examensarbeit schrieb ich bei Herrn Prof. Dr. G., und zwar über das Wesen der Kleinlebensversicherungen, die damals bei der V. noch eine große Bedeutung hatten.

Ich muss gestehen, dass ich aus der speziellen Fachliteratur einige Seiten „abgeschrieben" oder übernommen habe, ohne dies mit einer Fußnote vermerkt zu haben. Dies fiel bei Durchsicht auf und somit war die Examensarbeit nicht akzeptabel. In „Recht" lag ich in den Klausuren und mündlich immer zwischen befriedigend und ausreichend. Meine Abschlussarbeit war dann aber mangelhaft. Damit war ich durchgefallen. Inwieweit man wegen der gefälschten Abschlussarbeit dann noch ein zweites mangelhaftes Fach „gesucht" hat, lässt sich nicht beweisen. Mir schoss das Blut aus dem Kopf, weil ich damit nicht gerechnet hatte. Ich ärgerte mich über mich selbst, musste es dann aber meinen Eltern, Roswitha und Roswithas Eltern sagen. Am schlimmsten war es, dass ich mein „Versagen" in der V. gestehen musste.

Es gab zwei Möglichkeiten: Alles hinschmeißen, dann wäre die Zeit umsonst gewesen oder es in einem halben Jahr allen noch einmal zu zeigen.

Ich entschied mich für die zweite Möglichkeit:

Ich fuhr wieder nach Bad Schwartau und arbeitete dann von morgens bis abends alle meine Skripte und Bücher durch, weil alle Fächer neu geprüft wurden. Auch musste ich eine neue Examensarbeit schreiben, diesmal bei einem anderen Dozenten, Herrn K., über das Thema Krankenversicherung.

Als dann der Tag der Prüfung im Februar 1969 kam, war ich gut vorbereitet und schnitt unter den durchgefallenen Kommilitonen dann am besten ab.

Für mich war dieses Kapitel dann abgeschlossen. Man kann also aus vermeintlich aussichtslosen Situationen oder Fehlern auch neue Kraft schöpfen; dies habe ich getan.

Nach bestandenem Examen waren Roswitha und ich sehr froh, denn wir wollten in naher Zukunft heiraten.

Wir zogen jetzt nach dem Studium wieder nach Norddeutschland, ich in mein Elternhaus und Roswitha, innerhalb kurzer Zeit, nach Stockelsdorf, ca. drei km von meinem Elternwohnsitz entfernt. Dies sollte für uns beide aber nur eine Zwischenlösung sein. Wir wollten heiraten und gemeinsam etwas aufbauen.

Ich zog damals bei meiner Mutter ein, um sie ein wenig zu unterstützen. Mein Vater war im Herbst am 18.09.1968, als er von einer Kur zurückkam, in den Armen meiner Mutter auf dem Lübecker Hauptbahnhof an einem Herzinfarkt verstorben. Dies hat mich während der letzten Zeit des Studiums auch ein wenig belastet. Kurz vorher schrieb mein Vater aus der Kur noch einen Brief.

Roswitha und ich kauften uns einen VW Käfer Standard mit 34 PS. Während des Studiums hatten wir einen Renault R4 mit Frontknüppelschaltung bestellt, mit der Maßgabe, dass ich diesen auch abnehme, wenn ich die Prüfung bestehe. Dazu kam es dann ja nicht.

Mit dem VW Käfer hatten wir 14 Tage nach Neukauf in Schwartau-Cleverbrück einen Totalschaden, als uns ein betrunkener Mercedesfahrer anfuhr. Er fuhr rechtwinklig gegen die Hinterachse. Wenn er gegen die Seite gefahren wäre, hätten wir wohl nicht überlebt. Wir hatten großes Glück.

Ich flog aus dem Auto und fand mich auf dem Bürgersteig wieder, Roswitha hing aus der aufgesprungenen Tür. Gurte und Kopfstützen gab es damals noch nicht in einem VW Käfer. Wir waren auf dem Weg zum Polterabend eines Bekannten, Volker B., Pastorensohn aus Rensefeld. (Der Vater hat mich konfirmiert.) 14 Tage später hatten wir einen neuen, gleich aussehenden VW Käfer, der dann länger hielt.

Nach meinem Studium arbeitete ich in Hamburg in der betriebswirtschaftlichen Abteilung der V.; heute würde man sagen, ich war ein Trainee.

Aus meiner Sicht arbeitete diese Abteilung nicht effizient. Nur die Revision und einige Spezialisten verdienten m.E. ihr Geld zurecht. Viele Mitarbeiter hatten wirklich keinen Arbeitsdruck, um es mal so höflich zu formulieren; ich war dort nicht zufrieden. Auch Roswitha, die bei der Firma Ohrenstein und Koppel in Lübeck arbeitete, war mit ihrer Arbeit nicht zufrieden.

In dieser Zeit lernte ich Albert A., der damals schon Büroleiter in Münster bei der V. war, kennen. Er holte mich aus der betriebswirtschaftlichen Abteilung raus. Mit Hilfe von Walter E., Außenrevisor, wurde ich in die Geschäftsstelle Hamburg-Ost als stellvertretender Büroleiter versetzt. Mein Vorgesetzter war ein fürsorglicher, aber sehr „rustikaler" Büroleiter, der mir viel gezeigt hat. Mein Schwerpunktgebiet war die Arbeit in der Sachabteilung.

Roswitha hatte zwischenzeitlich einen Arbeitsplatz in der Volksfürsorge Rechtsschutz gefunden. Es war eine kleine, aber sehr erfolgreiche Rechtsschutzversicherung mit vielen gewerkschaftlichen Gruppenverträgen. Das Einzelrechtsschutzgeschäft fing damals erst an. Roswitha arbeitete in der Buchhaltung, war bei den Kolleginnen und Kollegen beliebt und Arbeitnehmervertreterin im Aufsichtsrat der Volksfürsorge Rechtsschutz.

Als der Außenrevisor E. damals den Büroleiter in Harburg wegen schlechter Arbeitsabwicklung „freistellte", fragte er mich, ob ich diese Stelle wolle. Ich sagte sofort ja, obwohl ich eigentlich Büroleiter in Neumünster werden sollte. Roswitha und ich hatten uns schon nach einer Wohnung in Neumünster umgesehen.

In Harburg stimmte nichts: sehr eigenwillige Sachbearbeiter, der Außendienst wurde geprägt von einem sehr dominanten Organisationsleiter, der auch im Gesamtbetriebsrat war. Dieser opponierte, wann immer es ging, gegen den Geschäftsführer Günter B.. Der Geschäftsführer war froh, dass ich jetzt da war.

Damals war ich mit der Büroführung zunächst noch überfordert, hatte ich doch noch längst nicht alle Arbeitsabläufe in Hamburg-Ost durchlaufen.

Mit Willenskraft, Arbeitseifer und nach dem Motto „der Einäugige weiß mehr als der Blinde" setzte ich mich durch. Dies hat über ein Jahr gedauert. Dann war alles perfekt, und die Revision stellte mir ein gutes Testat aus.

Nach einem dreiviertel Jahr in Harburg bekam ich dann aber einen Schwächeanfall; ich sackte zusammen und wurde zum Internisten gebracht. Heute würde man wohl Burnout sagen. Organisch war ich völlig gesund.

Als alles überstanden war, kamen wiederum Albert A. und Heinz P., Organisationsdirektor in Hamburg, und boten mir an, in die Orga-Abteilung, ins Büro „orga-a", zu wechseln. Dieses Büro war das Herzstück für alle organisatorischen Außendienstbelange.

Ab 1974 war ich dann als Führungskraft im zentralen Vertriebsbereich der Hauptverwaltung tätig. Als „Leiter Verkauf" war ich für folgende Aufgaben zuständig:

- Stammvertriebssteuerung (Controlling)

- Verkaufsförderung

- Verkaufsplanung und

- Marktforschung

Dies waren damals alles Bereiche, die erst aufgebaut wurden. Auch in anderen Versicherungsgesellschaften waren diese Marketinginstrumente erst im Aufbau. Man entwickelte sich in dieser Zeit vom „hemdsärmeligen", aber erfolgreichen Vertrieb zum betriebswirtschaftlich geprägten Vertrieb, was nicht automatisch zu erfolgreicherem Wirtschaften führte.

Damals war ich auch im Beirat des Marktforschungsinstitutes Infratest in München. Wir arbeiteten mit diesem Institut. Ich behaupte heute noch, dass die V. dadurch keinen Antrag mehr bekommen hat, aber für ein großes Unternehmen gehörte Marktforschung dazu.

Die Zusammenarbeit war aber immer sehr angenehm. Man traf Kollegen der Konkurrenz, tauschte sich aus, wurde vom

Institut „hofiert" und nahm an interessanten Veranstaltungen und Bewirtungen teil.

Seit 1986 habe ich mich dann für die V. auch für den Aufbau des Maklergeschäftes eingesetzt. Dies war sehr schwierig, passte es doch nicht in die Welt der Betriebsräte, die das Angestelltengeschäft favorisierten. Im Angestelltengeschäft galt ja die Mitbestimmung, und dies war für die Betriebsräte sehr wichtig. Obwohl ich zu einigen Kolleginnen und Kollegen gute Beziehungen hatte, machte ich mich bei den „verbohrten" und meinungsmachenden Mitgliedern des Betriebsrates immer unbeliebter. Dies hat mich aber nie gestört, denn ich hatte die Unterstützung meiner unmittelbaren Vorgesetzten.

In dieser Zeit musste ich auch in der Verwaltung des Innendienstes sowie im Außendienst des Stammvertriebes sehr viel Überzeugungsarbeit leisten. Neben den akquisitorischen „Missionarsleistungen" sorgte ich dafür, maklergerechte Arbeitsabläufe und ein maklergerechtes „Handling" in die Köpfe der Verwaltung zu transferieren.

Wir prüften,
- wo die für Makler liegenden Besonderheiten bei der V. waren,
- was Makler von einem Unternehmen erwarten
- konnten
- wo Marktlücken waren, die wir als Unternehmen
- füllen konnten
- wo wir den Maklern etwas Besonderes bieten konnten.

Ich sprach in dieser Phase mit vielen Maklern und Maklerverbänden, rundete unsere Konzepte ab, indem ich u.a. mit der Fachpresse sprach, auf Messen Interviews führte und Finanzdienstleistungsverbände kontaktierte.

Dieses Geschäft wurde in erster Linie durch meinen persönlichen Einsatz forciert und geprägt. Ich stellte die Größe des Unternehmens und die Finanzierungsmöglichkeiten auch im Großgeschäft heraus. Außerdem hatten wir zu der Zeit auch einen neuen, sehr flexiblen Leiter der Hypothekenabteilung, Herr Sch., der uns tatkräftig unterstützte.

Wir etablierten auch wieder eine alte Tradition, die die V. Sach schon immer mit ihren Sachmaklern in der Weihnachtszeit veranstaltet hat, den sog. Maklerskat. Wir hatten seinerzeit in Hamburg an der Alster in der fünften Etage äußerst repräsentative Räumlichkeiten. In diese Räumlichkeiten luden wir für uns tätige Sach- und Lebensmakler ein. Zunächst hielt eine bekannte Persönlichkeit einen Fachvortrag, dann gab es ein exzellentes Essen und danach wurde Skat gespielt und geknobelt, mit anschließender Preisverleihung.

Gäste waren u.a. der Tagesschausprecher Ulrich W., der Börsenfachmann Andre Kostolany, Hans-Dietrich Genscher und Helmut Schmidt.

Später werde ich im Buch noch erwähnen, dass die Schere zwischen arm und reich immer größer wird, obgleich uns die Politik immer wieder erzählen möchte, dass dies nicht so ist. Deutschland hat zwar viele sozialversicherungspflichtige Arbeitsverhältnisse, diese sind aber meistens im Niedriglohnsektor angesiedelt. Die Lohnentwicklung ist in Deutschland deutlich niedriger verlaufen im Vergleich zu den unmittelbaren Nachbarn.

Zum Beispiel werden in Dänemark viele Schweine gezüchtet. Aus Kostengründen werden diese Schweine oder Schweinehälften nach Deutschland exportiert, um sie hier mit Billigarbeitskräften weiter zu verarbeiten.

Dagegen haben sich die Vorstandsbezüge immer stärker an amerikanische Verhältnisse angepasst. Es kommt nicht selten vor, dass DAX-Unternehmen über 10 Millionen Jahresgehalt ausschütten. Ich meine, das ist unanständig. So etwas gab es in den 1970er Jahren noch nicht.

Aus den Geschäftsberichten der V. weiß ich, dass z.B. Vorstandsbezüge der V. 1974 ca. 265.000 DM pro Jahr betrugen.

Angestelltenbezüge der sozialversicherungspflichtigen Arbeitnehmer betrugen damals 20.381,- DM p.a. (= per annum = pro Jahr).

Dies war das 13-fache! Angesichts der Verantwortung war dies angemessen. Heute sind die DAX-Manager überbezahlt, von Gier geprägt und das noch vor dem Hintergrund dubioser Manipulationen z.B. der sog. Abgasmanipulationen bei verschiedenen Kfz-Herstellern. (Höchstrichterlich ist dieses im Mai 2020 bestätigt worden)

Durch meine Fachkreisarbeit im Kreise ehemaliger Absolventen der Deutschen Versicherungsakademie hatte ich eine Incentive-Agentur kennen gelernt.

Diese Agentur nutzten wir später, um unseren erfolgreichen Maklern unvergessliche Erlebnisse, die sie mit keiner Reisegesellschaft hätten kaufen können, zu bieten. Diese Reisen wurden immer in Begleitung durchgeführt, um den Ansporn, noch mehr Geschäfte für die V. zu akquirieren, zu erhöhen. Die V.-Reisen waren, so wurde mir gesagt, die besten.

Trotz dieser anfänglichen Bemühungen und Erfolge saß man mit diesem Vertriebsweg eigentlich immer zwischen Baum und Borke. Dennoch ist es mir gelungen, mit meiner Innen- und Außendienstmannschaft über vier Milliarden DM Bestand an Kapitalversicherungen aufzubauen. Dies entsprach der Größe einer kleinen Kapitallebensversicherungsgesellschaft.

In der Sach- und HUK-Versicherung habe ich den Bestand auf ca.100.000.000,- DM verdreifacht. Auch diese Zahl ist in der Branche sehr ehrgeizig. Und dies alles vor dem Hintergrund erheblicher Marktanteilsverluste im Stammvertrieb.

Seit dem Aufbau des Maklervertriebes war ich Geschäftsführer einer eigenen bundesweit tätigen Vertriebs-GmbH, der VDF, und nebenher leitender Angestellter direkt dem Vorstand der AG unterstellt. Ich hatte Prokura für die V. Deutsche Lebensversicherung sowie für die V. Deutsche Sachversicherung.

Durch verschiedene Anteilseignerwechsel und häufigen Vertriebsvorstandswechsel wurde die Zusammenarbeit im Hause mit den Gremien nicht besser. Die Neuen „wussten meist alles besser", wollten mir Vorschriften machen, was sie auch formal konnten, führten Controlling-Systeme ein, die uns immer weiter behinderten. Dann getroffene Entscheidungen hatten mit den z.T. in der Praxis vorherrschenden Gegebenheiten wenig zu tun.

Da ich Führungskraft war und nach Auffassung der Betriebsräte das Stammgeschäft störte, hatte ich auch hier wenig Unterstützung.

Ein weiterer Störfaktor baute sich auf, weil „die Sach", die die Mehrheit der Vertriebsgesellschaft VDF hielt, sich zunehmend in Vertriebsangelegenheiten einmischen wollte. Da aus dem Management der Fachbereiche Aktionen z.T. mit mir nicht koordiniert waren und werden sollten, konnten sie dann aufgrund meines Vetos nicht umgesetzt werden, was wiederum zu Verdruss führte.

Einer meiner Söhne, der damals auch in der Sach ausgebildet wurde, erzählte mir, dass ich auf einer Betriebsversammlung der Sach stark kritisiert worden bin. Ich selbst war weder eingeladen noch anwesend und konnte mich demzufolge auch nicht rechtfertigen. Reibungsverluste und polarisierende Meinungen gab es damals und heute.

Ich war in meinem Job zunehmend gereift und kannte alle Risiken und wusste auch, was ich wollte und was nicht. Dennoch gilt in allen Bereichen des Lebens „oben sticht immer unten". So kam, was leitende Kollegen mir prophezeit hatten, dass ich als unbequemer Leitender - übrigens viele aus dem Stammvertrieb schon vor mir - am 27.11.1998 „gebeten" wurde, das Unternehmen zum 01.01.1999 zu verlassen (nach 37 Jahren!).

Man kann eigentlich auf das so stolze Unternehmen nur mit Wehmut zurück blicken. Die neuen Eigentümer versuchten uns zu vermitteln, dass nur sie für die richtige Entwicklung und Prosperität des Unternehmens sorgen könnten. Richtig ist, dass das Unternehmen von den neuen Anteilseignern m.E. „ausgesaugt" wurde, die unendlich hohen stillen Reserven „versilbert" wurden und die Vertriebskraft des gesamten Stammvertriebes zum Schluss „nicht mehr ausmachte" als früher die Produktionskraft eines Landesbezirks.

Der von mir aufgebaute Maklervertrieb ist in die G. eingeflossen.

Meine vertragliche Situation war so, dass ich mit meiner Familie nach dem Ausscheiden in gewohnter Weise bis heute weiterleben konnte. Zusätzlich musste man mir noch eine Abfindung in nicht unerheblicher Höhe zahlen.

Dennoch war es natürlich ein enormer Einschnitt in meinem Leben.

Ich kann mich noch gut daran erinnern, dass ich immer froh war, wenn Wochenende war, dann hatte ich eine Legitimation zu Hause zu sein.

Dieses Empfinden verflog aber zunehmend, weil ich mich auch danach noch gut beschäftigen konnte.

Aus meiner Lebenserfahrung ist es ratsam, sich Empfehlungen derer anzuhören, die schon länger leben, aus evtl. unüberlegten Handlungen gelernt haben oder einfach sagen wollen, was aus der Sicht eines erfahrenen älteren Menschen sinnvoll zu sein scheint.

Dies allerdings vor dem Hintergrund, Kinder nicht bei ihren eigenen Entscheidungen zu manipulieren, sondern aus familiärer Fürsorge, Empfehlungen geben zu wollen, die nach bestem Wissen und aus Erfahrung ausgesprochen werden.

Ich habe im Laufe des Lebens erlebt, dass es Personen und Familien gibt, die, wenn sie in Besitz von Geld kommen, dieses auch unverzüglich wieder ausgeben und teilweise noch von der Bank aufgenommenes Geld dazu.

Dies ist und war bei uns und unseren Kindern anders.

Wenn man dies als Kind nicht lernt und all sein Geld planlos oder oberflächlich in den Konsum steckt, fehlt es später.

Das heißt nicht, dass man sich nicht Wünsche erfüllen soll; man soll leben, man soll Spaß haben, aber man muss mit einem Auge auch immer in die Zukunft schauen und planen, dass man auch später seinen gewohnten Lebensstandard halten kann, z.B. wenn man nicht mehr aktiv Geld verdient.

Die Zeiten auskömmlicher gesetzlicher Renten sind vorüber, man muss individuelle Vorsorge betreiben, um nicht auf andere Leute angewiesen zu sein und um nicht von Altersarmut betroffen zu werden.

Es kann immer Situationen im Leben geben, die das Leben in eine Schieflage bringen, allerdings sollte man versuchen zu planen, um dies vermeiden zu können.

Während es nach dem Zweiten Weltkrieg wirtschaftlich nur „nach oben" ging, sieht es heute teilweise ganz anders aus.

Wer in den sechziger Jahren arbeiten wollte, fand auch ein ordentliches Beschäftigungsverhältnis, ich meine, ein Beschäftigungsverhältnis, bei dem auch Beiträge zur Sozialversicherung abgeführt wurden, auch in die gesetzliche Rentenversicherung. Dieses System ist schon sehr alt und wurde vom damaligen Reichskanzler Bismarck eingeführt. Es funktioniert nach dem Generationenprinzip und ist umlagefinanziert, d.h. dass mit den Beiträgen der jetzt arbeitenden Menschen für die jetzigen Rentner die Renten gezahlt werden. Als Grundvorsorge hat sich dieses System grundsätzlich bewährt.

Heute ist der Arbeitsmarkt in Deutschland so, dass man vielfach mit sog. Scheinselbstständigen arbeitet und sie dennoch wie Angestellte führt.

Das Arbeitsrisiko wird dadurch auf die Beschäftigten verlagert. Die Löhne sind oft so gering, dass davon keine Rücklagen gebildet werden können. Und wenn es zu einem sozialversicherungspflichtigen Arbeitsverhältnis kommt, sind auch da die Löhne so gering, dass keine nennenswerte Altersversorgung aufgebaut werden kann.

Auch hat sich in den letzten Jahren die sog. Rentenformel geändert: Anpassung an Nettolohnentwicklung, Reduzierung der damals noch gültigen Rentenformel bezogen auf 60% der letzten Bezüge (im Jahr 2040 werden es nur noch ca. 40% sein). Wenn man dies alles sieht, sehen wir zunehmend einer Altersarmut entgegen. Heute werden viele Leute noch nach Bedürftigkeitsgesichtspunkten mit sog. Mindestrenten vom Staat „abgefedert". Hat allerdings der Staat - er ist heute schon extrem überschuldet - kein Geld mehr, müssen Rentner z.B. im Servicebereich oder an Packtischen großer Geschäfte, wenn sie noch können, bis ans Lebensende arbeiten.

Betrachten wir doch jetzt die aktuelle Corona Krise. Die Staatsverschuldung wird sich dadurch deutlich nach oben bewegen.

Dies alles sind keine schönen Perspektiven, deshalb sollten junge Leute von Beginn an ihre Geschicke planvoll in die Hand nehmen.

Mehr zur Rente in späteren Kapiteln.

Durch die schlechte Verzinsung sind reine Sparverträge seit einigen Jahren unattraktiv geworden. Alte Lebens- und Rentenversicherungen haben zwar immer noch einen gewissen Wert, weil sie später steuerfrei zufließen und einen verbindlichen Rechnungszins von bis zu 4 % haben, sie waren aber beim Abschluss mit höheren Ablaufleistungen angeboten worden, weil damals relativ hohe Gewinnbeteiligungen bei Ablauf prognostiziert wurden. (Heute bilden gute Immobilien oder seriöse DAX-Fonds eine Alternative.)

Wenn Menschen sich nur auf private Lebensversicherungen verlassen haben, fehlt ihnen im Alter viel Geld.

Was ich mit diesen Zeilen vermitteln möchte, ist,

1) Plane rechtzeitig deine finanzielle Zukunft.

2) Achte auf eine ausgewogene Anlagestrategie und

3) lebe nicht über deine Verhältnisse und veräußere - wenn möglich - nie Sachbesitz wie Häuser und Wohnungen. Wenn du es tust, dann reinvestiere es wieder in Wirtschaftsgüter, aus denen du Erträge erzielen kannst.

Vor 20 Jahren habe ich mir die heute herrschende Niedrigzinspolitik überhaupt nicht vorstellen können. Hypothekenzinsen bewegten sich im Mittel bei 7,5%, was die Hausfinanzierung nicht leicht machte. Langfristige Anlagestrategien, die auch mündelsicher abgesichert waren, konnten sich um 4% bewegen. Damals vertrat ich den Standpunkt, dass die optimalsten Zinskonditionen im Zehntelbereich nach dem Komma gar nicht entscheidend seien. Die Langfristigkeit einer Kapitalanlage war wichtig, weil sich bei den von mir genannten Zinssätzen oder den Zinssätzen, die am Markt erreichbar waren, das Kapital in ca. 12 Jahren verdoppelte. Hierdurch kann man erkennen, dass wenn ich in 30 Jahren ein Kapital von 250.000 EUR angespart hatte, es nach ca. 42 Jahren schon 500.000 EUR wert war. So war es damals!

Bedingt durch diese Niedrigzinspolitik sind beispielsweise Hausfinanzierungen preiswerter geworden. Eine aktuelle Finanzierungsanfrage bei der C-Bank in Hamburg (Mai 2020) besagt, dass im erststelligen Beleihungsraum 0,45% Zinsen im Zehnjahresbereich dargestellt werden können. Dies allerdings nur, wenn der Bank entsprechende Sicherheiten angeboten werden.

Nur wer rechtzeitig beginnt, kann Finanzstrategien gut umsetzen.

Über diese Dinge könnte ich noch lange schreiben, weil ich auch beruflich damit zu tun hatte. Ich will es aber nicht, denn dies ist ein separates Thema.

Teil II

Digitalisierung, Globalisierung und Klimaaspekte

Der Begriff Digitalisierung wird in der heutigen Zeit immer häufiger benutzt. Er ist ein allgemeiner Begriff, der für viele Bereiche steht. Er steht z.b. für die digitale Revolution, die digitale Entwicklung oder für die den digitalen Wandel.

Man streitet heute noch darüber, ob diese Entwicklung ein Segen für die Menschheit ist, ob z.b. dadurch Arbeitsplätze für die Menschen verloren gehen oder nicht.

Es wird zu Verschiebungen innerhalb der Arbeitswelt kommen, das Phänomen der Digitalisierung ist nicht mehr aufzuhalten. Diese Thematik ist so vielschichtig und bedeutend, dass sie im Folgenden nicht Gegenstand meiner familiären Aufzeichnungen sein kann. Nur so viel: Sie wird unser aller Leben in sehr schneller Zeit komplett verändern.

Meine Meinung ist, dass diese Entwicklung nicht aufzuhalten ist und sie in ALLEN Bereichen des Lebens Einzug halten wird.

Die sogenannte künstliche Intelligenz gehört zu diesem Themenbereich und hat heute schon in vielen Arbeitsbereichen Einzug gehalten. Diese Technologie unterstützt das autonome Autofahren, revolutioniert Arbeitsprozesse und ist im Gesundheitswesen fest etabliert.

Sich diesem Wandel nicht zu stellen, ist keine Lösung. Diese Technologien erfordern von der Wirtschaft und den Anwendern neue Denkweisen.

Meines Erachtens hat Deutschland und Europa schon einiges verpasst. Die großen Player der künstlichen Intelligenz sitzen in Amerika und in Asien. ich kenne in Europa keinen „World Player", der hier mithalten kann.

Denken wir an die Vormacht der Unternehmen und Gründer von Google, Apple, Amazon und Facebook oder an Huawai und Samsung in Asien. Von diesen Firmen wird eine besondere Form wirtschaftlicher Dynamik gelebt.

Ein Philosoph R. D. P. sagte mal in einem Spiegelinterview über die Machenschaften derer, die die o.g. Konzerne leiten:

„Gut ist nur, was in der Zukunft liegt. Nur das Werden ist wichtig und das Sein ist schlecht".

Diese Ideologie widerspricht dem Lebensgefühl der allermeisten Menschen und macht Angst. Mir auch!

P. sagte weiter: „....durch die Globalisierung gehe die Heimat verloren, durch die Digitalisierung beschleunige sich alles immer mehr."

Ich persönlich finde es zwar schlimm, welche Macht diese weltweit agierenden Konzerne zwischenzeitlich haben. Sie sind aber da, und ich sehe keine Möglichkeit, sie in Zukunft zu verhindern.

In Europa gibt es nichts Vergleichbares.

Energiepolitik

Die Energiepolitik in Deutschland ist aus vielen Gründen fehlgeschlagen.

Die Kernenergie ist einerseits nicht beherrschbar, hierüber wird berichtet. Die fossilen Energien sind endlich und stoßen erhebliche Treibhausgase (CO_2) aus, die zunehmend schädlich für die Erderwärmung sind.

Beides ist der Politik seit langem bekannt und dennoch werden selbst gesteckte und internationale Ziele nur halbherzig verfolgt. Die Bundesrepublik Deutschland wird z.b. ihr selbst gestecktes Klimaziele 2020 nicht erreichen.

Andererseits wird der „saubere Strom" aus Sonne und Windkraft nur unzulänglich vorangetrieben, weil die Öl-Lobbyisten es vermutlich verhindern. Im Norden wird im Moment schon so viel Strom erzeugt, dass diese Strommengen oft gar nicht in die Netze eingespeist werden können.

Stattdessen streitet die Politik über Stromtrassen in die vom Wind weniger versorgten Gebiete nach Süddeutschland. Auch streitet man sich darüber, ob die Trassen überirdisch in Hochspannungsleitungen oder unter der Erde verlegt werden sollen. Ich meine, Erdkabel sind teurer, aber doch eine einmalige Investition, die auch die Landschaft weniger belastet.

Da die Stromerzeugung aus Wind und Sonne vom Staat für die Investoren stark bezuschusst wird, andererseits aus den eben genannten Gründen der Strom teilweise gar nicht in die Netze eingespeist werden kann, entstehen für die Verbraucher hohe zusätzliche Kosten (EEG-Umlage - erhöht sich ab 2020 schon wieder -).

Wie paradox: Einerseits verletzt die Politik ihre eigenen Umweltziele im Hinblick auf die Co_2-Werte, andererseits sorgt sie nicht dafür, dass Netze für die Windkraft ausgebaut werden.

Kaum zu glauben: Zwischen 1970 und 2004 sind die globalen Co^2- Emissionen um 80% gestiegen.

Die Technik ist da, aber es heißt, die Geldmittel würden fehlen; dies vor dem Hintergrund von Milliardenzahlungen an ins Land kommenden Wirtschaftsflüchtlinge.

Auch sind jetzt, nachdem wir von der Corona Pandemie überrascht wurden, scheinbar ausrechend Mittel vorhanden.

Dies ist für mich unverständlich!

Stattdessen müssen die Menschen laufend höhere Strom- und Energiekosten zahlen, obgleich der Strom an den Strombörsen immer billiger wird.

Jetzt aktuell überlegt man in der sogenannten Großen Koalition zwischen SPD und CDU auf einem „Klimagipfel", wie man die Menschen in Deutschland für den CO^2-Verbrauch mit Steuern oder Umlagen belasten kann. Es soll eine erzieherische Maßnahme sein. Die Politik sollte sich disziplinieren und sich frei machen von Lobbyismus und Selbstbedienermentalität. So empfinden es die Bürger.

Ich verstehe dies nicht, da es in letzter Konsequenz nicht darauf ankommt, ob eine Familie ihr Wohnzimmer um 1 Grad mehr oder weniger heizt. Sie soll aber künftig dafür zusätzlich zahlen.

Der Staat und die Industrie, die die Probleme mindestens seit 30 Jahren kennen, müssen Weichen stellen. Technisch ist alles möglich; der Staat hat dafür zu sorgen, dass die Rahmenbedingungen geschaffen werden. Stattdessen werden wieder die Verbraucher und die „kleinen Leute" zur Kasse gebeten, weil die Politik nicht fähig ist, strategische Entscheidungen zu treffen.

Wenn jetzt staatlich – regional und weltweit – keine Entscheidungen getroffen werden, das Klima zu schützen, indem fossile Energien verboten werden und stattdessen Sonne, Wasser und Wind genutzt werden, und nur die Bürger zur Kasse gebeten werden, dann wird dies ein weiteres Erstarken rechtspopulistischer Kräfte und Parteien bewirken und zusätzlich unser Klima unwiderruflich beeinflussen. Man muss es nur wollen; die Techniken sind da, die Geldmittel auch. Sie müssen nur anders genutzt werden.

Wasser und Strom brauchen alle Bürger; dies sollten keine Luxusgüter sein.

Ich verstehe nicht, warum die Politik dieses Thema nicht aufgreift, zumal wir im europäischen Vergleich eine Spitzenposition bei den Stromkosten einnehmen.

Die Politik versteht einfach nicht, was den einfachen Bürger bedrückt.

Da die Strompreise ständig steigen, der Strom aber auch von armen und kinderreichen Familien benötigt wird, sollte es hierfür preiswertere Varianten geben. Sonst wird es in Zukunft häufiger vorkommen, dass der Strom bei nicht zahlungsfähigen Personen von den Versorgern abgeschaltet wird. Was dies für kinderreiche Familien bedeutet, brauche ich nicht zu erklären.

Die Wirtschaftswoche sagt in einem Artikel hierzu Folgendes:

„Co² ist ein Treibhausgas und fuhrt bei zunehmender Konzentration in der Atmosphäre zu einer Erwärmung des Erdklimas. Verbraucher müssen zur Förderung von Strom aus Windkraft und Sonne wohl auch im nächsten Jahr tiefer in die Tasche greifen. Die sogenannte Ökostrom-Umlage werde von 6,35 Cent auf 6,88 Cent pro Kilowattstunde angehoben, teilten die Übertragungsnetzbetreiber 50Hertz, Amprion, Tennet und TransnetBW mit. Die Umlage zahlen Verbraucher über die Stromrechnung."

Der Präsident des Bundesverbandes der Deutschen Industrie (BDI), Ulrich Grillo, nannte den starken Anstieg der Kosten für erneuerbare Energien ein Alarmsignal: „Die EEG-Umlage wächst fast viereinhalb Mal so stark wie die Wirtschaft. Das jetzige Fördersystem läuft aus dem Ruder." Er bemängelte, die versprochene Kostenbremse des Bundeswirtschaftsministeriums sei Wunschdenken. „Energiekosten werden für die Industrie zu einem echten Standortproblem." Der Handelsverband Deutschland (HDE) forderte eine Reduzierung der Kosten für die Energiewende und eine faire Verteilung der Belastungen.

Die Hauptgeschäftsführerin des Verbandes kommunaler Unternehmen (VKU), sagte: „Die Kosten für die Umsetzung der Energiewende machen sich nicht mehr nur in der gestiegenen EEG-Umlage bemerkbar, sondern immer stärker durch die Steigerung der Netzentgelte." Sie mahnte einen intelligenten Netzausbau und einen besseren lokalen Ausgleich von Stromerzeugung und -verbrauch an. Das entspricht dem, was ich vorgenannt sagte.

„Die EEG-Umlage wird als Differenz zwischen dem Preis, den Stromerzeuger für ihren Strom bekommen, und den garantierten Abnahmepreisen für Ökostrom berechnet. Je niedriger der Börsenpreis, den Energiekonzerne zahlen müssen, desto höher die Umlage.

Experten rechnen mit einem Anstieg auf knapp unter 7 Cent pro Kilowattstunde. Was der Anstieg der Umlage für Haushalte am Ende konkret bedeutet, ist kaum zu berechnen. Es kommt darauf an, ob die Energiekonzerne fallende Börsenstrompreise an die Kunden weitergeben.

Im Zuge der Neuordnung der Ökostrom-Förderung ab 2017 sollen im Norden Deutschlands deutlich weniger neue Windkraft-Anlagen gebaut werden als bisher. Nach einem Entwurf für eine Verordnung der Bundesnetzagentur müssen die Regionen, in denen in der Vergangenheit die meisten neuen Windparks entstanden sind, künftig mit etwas mehr als der Hälfte des bisherigen Zubaus auskommen. Grund für den gebremsten Ausbau sind die Engpässe im Stromnetz. Für Stromkunden dürfte sich beim Preis dem Entwurf zufolge aber kaum etwas ändern.

Wenn man diese Stellungnahmen aus unterschiedlichen Wirtschaftsbereichen liest, dann wird klar, dass die Regierung hier ein Gesamtkonzept - frei von Lobbyisten und Interessenverbänden - vorlegen muss und nicht die Bürger mit irgendwelchen CO_2-Steuern zusätzlich belasten darf.

Von der jährlich 2500 Megawatt umfassenden Windkraft-Leistung, die von 2017 an jährlich neu hinzukommen soll, dürfen nur maximal 902 Megawatt in „Netzausbaugebieten" im Norden entstehen, wie aus dem der Deutschen Presse-Agentur vorliegenden Entwurf hervorgeht, über den zuvor die Süddeutsche Zeitung berichtete. Je nach Größe einzelner Anlagen entspreche das zwischen 120 und 200 Windrädern."

Da der Bau großer Nord-Süd-Stromleitungen nur schleppend vorankommt, lässt sich der Windstrom aus dem Norden oft nicht nutzen. Vor allem Windanlagen an Land würden wegen Engpässen im Übertragungsnetz in steigendem Umfang in Norddeutschland abgeregelt, weil der Strom nicht vor Ort verbraucht und nicht zu den großen Verbrauchszentren im Süden abtransportiert werden könne, heißt es.

Dies ist doch alles ein Paradox der Politik! Einerseits will und muss man CO_2-Einsparungen bei den fossilen Energien erreichen, andererseits ist man nicht in der Lage alternative Energien sinnvoll zu organisieren.

Seit ca. Anfang des Jahres 2019 gibt es weltweite Schülerdemonstrationen, jeweils immer am Freitag einer Woche, vormittags während der Schulzeit. Die schwedische Aktivistin Greta Thunberg und Schülerin, 16 Jahre alt, fing in Schweden damit an und setzte sich jeden Freitag, zunächst ganz allein, vor den schwedischen Reichstag und demonstrierte gegen die Klimapolitik.

Grundsätzlich möchte ich hierzu anmerken, dass ich es richtig finde, für eine Klimaveränderung zu demonstrieren.

Die 2015 beschlossenen Klimaziele werden z.B. von so einem reichen Land wie Deutschland nicht erreicht. Man schafft nicht das, wozu man sich schriftlich und vertraglich verpflichtet hat.

Ich möchte bemerken, dass der Wissenschaftler Alexander von Humboldt, geb. 14.9.1769, schon auf die Abhängigkeit von radikalem Raubbau an der Natur und dem damit zusammenhängenden Klima verwiesen hat. Ich verweise auch auf meine Passagen zum Thema Kapitalismus. Seit dieser Zeit, beginnend in England, ist die Erde von den Menschen zunehmend ausgebeutet worden.

Es hat zwar immer schon Klimaschwankungen gegeben, diese waren aber nicht von Menschen gemacht; sie waren vermutlich geo- oder astrophysikalischer Natur (Verhältnis Sonne, Mond und Erde zueinander oder Naturkatastrophen gigantischen Ausmaßes, die das Klima der Erde beeinflusst haben).

Man will in der heutigen Zeit einfach nicht zur Kenntnis nehmen, dass die Ressourcen der Erde nicht ewig vorhanden sein werden. Was sich in Milliarden von Jahren gebildet hat, z.B. Kohle, Gas und Erdöl wird jetzt von den Menschen so gefördert und genutzt, als ob unendlich viel davon vorhanden wäre. Vielleicht gibt es diese Ressourcen noch 100 oder 300 Jahre. Irgendwann ist aber Schluss.

All dies erkennen die Menschen, unternehmen aber nicht konsequent etwas dagegen.

Die Politik und die Wirtschaft müssen hierfür Rahmenbedingungen schaffen. Der einzelne Mensch ist der verkehrte Ansprechpartner.

Die Klimapolitik müsste von total unabhängigen Menschen weltweit gemeinsam gemanagt werden. Nicht von Politikern oder Lobbyisten in den jeweiligen Ländern, die mit der Umsetzung von scheinbar ökologischen Maßnahmen nur

Geld verdienen. Heute werden regional auf kleinstem Nenner Maßnahmen getroffen, die dem Ganzen nicht gerecht werden.

Die Parteien und Umweltverbände versuchen jeweils nach ihren Interessen das „Richtige" zu tun. Wenn es objektive Umweltkriterien gäbe, könnte es doch nicht sein, das die eine politische Partei es so und die andere ganz anders sieht, und dieses Phänomen ist weltweit zu beobachten.

Wir sind uns doch noch nicht einmal in Europa einig. Die Franzosen schwören weiter auf Atomenergie, und beispielsweise die Polen denken nicht daran, ihre Kohlegruben zu schließen.

Und die Lobbyisten in Deutschland haben auf einem sogenannten Kohlegipfel beschlossen, den Ausstieg aus der Braunkohle erst 2038 zu vollziehen.

Man spricht in Deutschland von alternativen Energien und will über diesen Weg die Umwelt entlasten. Es werden gigantische Windräder gebaut und hoch subventioniert. Diese Windräder verschandeln m.E. in einem unerträglichen Maße die Landschaft.

Es wird planlos gebaut, und man schafft es nicht, diesen Strom überall abzunehmen. Irgendwann wird man diese Entwicklung als „Energiebauschande" dieser Zeit kritisieren.

Diese Technik ist aus ästhetischen Gründen nicht vertretbar, jedenfalls nicht dort, wo man sie sieht und mit diesen riesigen Windrädern konfrontiert wird. Im ersten Halbjahr 2019 sind nur ein Bruchteil an Anlagen im Vergleich zu 2017 und 2018 ans Netz gegangen. Die Leute wehren sich gegen diese

Bausünden. Auch dies muss von der Politik besser gemanagt werden. Auch wir in unserem Ort sind von solchen Bausünden betroffen. Lange Sonnenschatten und Windgeräusche beeinträchtigen das Wohnen. Auf See würden diese Windräder weniger stören.

Es gibt, wie gesagt, nicht einmal in Europa eine einheitliche Ausrichtung zum Klimaschutz. Offensichtlich ist alles noch nicht schlimm genug. Wir haben in Südspanien und in Afrika heute schon riesige Dürrezonen. Über 50% der Menschheit hat kein sauberes Trinkwasser.

Aus meiner Sicht lassen sich die Themen „Klimawandel" und „Energie- und Recourceneinsparung" nur überregional lösen. Solange aber politisch gewollt der Regenwald in Südamerika großflächig abgeholzt wird, um weiterhin wirtschaftlich einflussreiche Leute zu bedienen, oder in Nordamerika unter dem Präsidenten Trump der Klimawandel geleugnet wird, sehe ich eine düstere Zukunft für das weltweite Klima.

Die hier genannten Beispiele kann man beliebig ergänzen. Auch in Asien wird kräftig gegen Klimaziele verstoßen. Und Deutschland ist auch kein Vorbild.

Außerdem muss man zur Kenntnis nehmen, dass unser Konsum im Überfluss mit all den negativen Einflüssen auch in der Tierhaltung so nicht weitergehen kann.

Warum gibt es keine Visionäre, die ein Idealkonzept entwickeln und dieses dann auch selbst leben? Man müsste in einer Region beginnen, unterstützt von staatlichen Rahmenbedingungen.

Die letzten vier Jahre waren die wärmsten Jahre, seit es Aufzeichnungen gibt. Das freigesetzte CO^2 resultiert nachweislich – von allen namhaften Wissenschaftlern bewiesen – aus der Freisetzung von fossilen Brennstoffen. Wissenschaftler haben berechnet, dass, wenn die Erderwärmung um mehr als 1,5% zunimmt, eine Beeinflussung durch den Menschen nicht mehr möglich ist und eine Eigendynamik in der Klimaentwicklung entsteht. Das heißt, es müssen jetzt die Weichen zum Schutz des Klimas auf der Erde gestellt werden.

Man kann diese CO^2-Werte weltweit genau berechnen. Bei dem jetzt vorhandenen CO^2-Verbrauch ist in ca. neun Jahren (2028) die 1,5%-Grenze erreicht. Nur so lange hat der Mensch es noch in der Hand, das Klima auf unserem Planeten zu schützen.

Von den ca. sieben Millionen Tierarten, die es heute auf der Erde gibt, sind durch Umwelteinflüsse und Klimawandel schon ca. 1.000.000 Lebewesen stark dezimiert oder ausgestorben.

Der Druck auf die Politik muss erhöht werden. Weltweit muss ein Umdenken stattfinden.

Beispiel:

Die Sonne ist doch unendlich da, auch noch viele Millionen Jahre. Die Energie der Sonne auf der Erde reicht aus, um den gesamten Energiebedarf der Menschheit zu decken. Technisch sind wir auch schon soweit, dies zu realisieren und regionale Konzepte zu entwickeln. Wir haben heute schon die Möglichkeit, die Sonnenenergie zu speichern, und zwar dann, wenn die Sonne mal nicht scheint. Warum wird nicht jeder Gebäudebesitzer aufgefordert, eine entsprechende Solaranlage auf dem Dach zu installieren? Auf jeden Fall könnte man dies bei einem Neubau verlangen. Es gibt Wege, auch heute schon, völlig autark von Öl, Gas und Atomenergie, den Energiebedarf in Deutschland und auf der Welt zu decken. Man muss es nur wollen.

Lobbyismus

Lobbyisten haben in Deutschland, wie man in Politik und Wirtschaft feststellen kann, ein zunehmend „ungestörtes" Betätigungsfeld.

Interessenvertreter gehen in politische Ämter oder wechseln in Ministerien und bekommen über diesen Weg Zugang zu Parteien und Regierungen.

Laut einer Studie von Transparency International sind z.b. deutsche Gesetze, die eine Lobbyeinflussnahme verhindern, im europäischen Vergleich eher unterdurchschnittlich streng geregelt. Dieses Vakuum führt zu Begehrlichkeiten bei den Lobbyisten.

Beispiele aus jüngster Zeit belegen dies. Man hat auch manchmal das Gefühl, dass jegliche Sensibilität für sauberes und korrektes Arbeiten sowohl bei den Politikern, als auch bei den Lobbyisten verloren gegangen ist. Wie schizophren wirkt es doch, wenn sich Lobbyisten beispielsweise bei SPD-Politikern zu einem Gespräch für € 7000,- „einkaufen" können? Was mutet man der Bevölkerung zu? Nach Bekanntwerden ist diese Praxis von der SPD sofort eingestellt worden.

Im Mai 2016 hat sich EU-Kommissar Ö. im Privatjet eines kremelnahen Lobbyisten zu Präsident O. nach Ungarn fliegen lassen. Dem einfachen Beamten verbietet man bei einer Steuerprüfung oder bei einer Zwangsversteigerung durch einen Gerichtsvollzieher einen Kugelschreiber anzunehmen!

Dies sind nur ein paar Beispiele; der moralische Level scheint immer weiter zu sinken.

In der Politik werden ganze Gesetzestexte von Lobbyisten und Interessenvertretern vorformuliert. Dass all diese Aktionen nicht in erster Linie darauf ausgerichtet sind, für das Volk das Beste zu bewirken, versteht sich wohl von allein. Im Gegenteil, diese Aktionen sind ausschließlich dazu geeignet, die Gewinne gewisser Gruppen, Unternehmen und Interessenverbände zu maximieren.

In Berlin arbeiten schätzungsweise rund 5.000 Lobbyisten im Bundestag. Auf jeden Bundestagsabgeordneten kommen daher - rein rechnerisch - acht Interessenvertreter.

Zwischenzeitlich ist auf Druck der Öffentlichkeit nach langer politischer Diskussion eine Liste von Lobbyisten veröffentlicht worden. Darin werden 400 Institutionen und Unternehmen genannt. Diese Leute können demnach ungehindert den Bundestag betreten.

Dieser Lobbyismus, der nach objektivem Gesichtspunkt von niemandem außer den Lobbyisten selbst gewünscht wird, begünstigt auch die Reichen in Deutschland und in Europa, wie ich später noch erläutern werde. Demzufolge kommt es zu weiteren gesellschaftlichen Ungleichheiten, weil diejenigen, die über weniger Ressourcen verfügen, benachteiligt werden.

Durch die hohe Anzahl der Lobbyisten kommt es zu immer mehr Fehlentwicklungen; die Einflussnahme der Lobbyisten wird immer größer. Durch diese Entwicklungen kommt es zu mehr als nur einer direkten Beeinflussung. Stimmungen und Trends in allen Bereichen - so auch im Gesundheitssystem - sollen gezielt verstärkt oder abgeschwächt werden. Ich nenne dies auch Manipulation!

Wenn der Staat sich immer weiter für die Lobbyströme öffnet, wird doch dadurch zwangsläufig die Unabhängigkeit demokratischer Institutionen in Frage gestellt. Dies bedeutet, dass politische Entscheidungen nicht zum Wohle des Volkes, sondern zur Zufriedenheit und zum Nutzen der Lobbyisten oder deren Institutionen getroffen werden.

Diese Entwicklung kann man auch deutlich in der Finanzwelt erkennen, wie ich später noch ausführen werde.

Warum erkennt die Politik dies nicht? Warum unternimmt sie nichts? Oder ist die Politik schon ein Teil des Systems? Mit diesen Machenschaften macht die Politik sich angreifbar und schafft unzufriedene Bürger. Rechtspopulisten erstarken und versprechen vermeintlich einfache Lösungen.

Die sogenannte politische Elite hat sich meines Erachtens so weit von den Vorstellungen der Bürger wegbewegt, dass es bei der jetzigen Entwicklung der Rückbesinnung auf nationalstaatliche Tugenden und Abkehr vom europäischen Gedanken allmählich gefährlich für Deutschland und Europa wird.

Da Deutschland die stärkste Wirtschaftsmacht in Europa ist, sollte auch von Deutschland die Initiative ausgehen, Europas Wirtschaftskraft zu stabilisieren.

Auch wenn in der Vergangenheit mit der Nichtabstimmung der Flüchtlingsströme in Europa Fehler gemacht wurden, kann es doch nicht bedeuten, dass man jetzt akzeptiert, dass gewisse Länder in Europa sich weigern, Flüchtlinge - berechtigte Flüchtlinge - aufzunehmen. Wenn dieses nationalstaatliche Denken einzelner europäischer Länder innerhalb der EU nicht abgestellt werden kann, muss man sich generell darüber unterhalten, ob diese Länder dann in Zukunft noch die richtigen Partner innerhalb der EU sind.

Ein vereintes Europa - möglichst als politische Union - mit sechs oder sieben „willigen" und wirtschaftlich starken Staaten ist meines Erachtens deutlich besser als eine Situation, wie wir sie derzeit haben. Ich meine, ein vereintes Kerneuropa - gern auch mit Großbritannien - kann zu einer Erfolgsstory werden!

Als letzte Bemerkung zum Thema Lobbyismus, Korruption oder „unanständiges" Verhalten, möchte ich noch die Machenschaften um den Abgasskandal des VW-Konzerns nennen.

In millionenfacher Weise werden Kunden auf der ganzen Welt hintergangen, und die Politik und die Lobbyisten der Autoverbände tun dies als „Kleinigkeit" ab. Amerikanische Kunden sind richtig entschädigt worden, die deutschen Kunden erhielten Nachbesserungen, die keine waren und mussten für die Unannehmlichkeiten und Wegekosten zu den Werkstätten selbst aufkommen.

Jetzt hat es es aufgrund einer Sammelklage auch für in Deutschland geschädigte VW Kunden eine gewisse Entschädigung gegeben.

Im Gegenzug stellt sich der suspendierte Vorstandsvorsitzende mit 13 Millionen Jahreseinkommen und einer Jahresrente von ca. € 1.000.000,- hin und sagt, er habe nichts gewusst. Die Politik und die Lobbyisten halten still. Wer wie

ich im Wirtschaftsleben Einblick in die Sphäre der Vor-
stands- und Hauptabteilungsleiterebene hatte, weiß, dass
diese Behauptung falsch ist.

Eine Manipulation dieser Tragweite nimmt kein einzelner
Ingenieur vor. Hier steckt eine Strategie dahinter, die auch
in jedem Fall vom Vorstand zur Kenntnis genommen
wurde. Anders kann es nicht gewesen sein.

Der EURO

Warum die Eurozone nicht funktioniert: Nach dem zweiten Weltkrieg und später haben sich bekannte und namhafte Ökonomen, wie z.b. der Engländer Keynes und der Amerikaner White, mit europäischen Währungen und Wechselkursen befasst. Man empfahl flexible Wechselkurse, und dies vermutlich aus gutem Grund.

Eine Fixierung der Wechselkurse - wie heute im Euroraum vorhanden - hat immer zur Folge, dass die schwächeren Staaten in einem Verbund in der Regel unterstützt und mit Krediten finanziert werden müssen. Feste Wechselkurse, und so war es immer schon, setzen für die Betroffenen falsche Signale. Die einen, mit schwacher Produktivität, können nicht marktgerecht produzieren und die anderen entwickeln im Durchschnittsvergleich eine Überproduktion. Das ist u.a. auch der Grund für die enorme Exportstärke der Deutschen. Die Initiatoren des Euros wussten es, haben aber, aus welchen Gründen auch immer, keine flexiblen Wechselkurse gewollt. Im Euroraum herrscht seit Einführung des Euros ein fester Wechselkurs für die ehemaligen europäischen Währungen.

Man machte seinerzeit im „Europarausch" – in erster Linie Deutschland – mit den Zentralbanken den Fehler, nur eine Währungsunion zu gründen.

Bei einer politischen Union kann man die Produktivitätslücken ausgleichen, wie dies heute in Deutschland in den unterschiedlichen wirtschaftlichen Regionen auch geschieht.

Die Politiker hätten die europäische Idee länger vorbereiten müssen und allen nationalistisch orientierten Regierungen die Vorteile eines vereinigten europäischen Staatsgebietes besser erläutern müssen.

Jeder ältere Mitbürger weiß, dass man bei einem Italienurlaub jedes Jahr mehr Lira für die DM bekam. Die Bedingungen in Italien, bezogen auf die Produktivität, haben sich aber nicht verändert.

Der Wechselkurs - EURO - ist jetzt aber immer gleich. Dies muss doch zu Wettbewerbsverzerrungen führen! Die wirtschaftliche Situation Italiens (Gründungsmitglied der europäischen Gemeinschaft) hat sich bis ins Jahr 2019 immer weiter verschlechtert. Hierin liegt ein Grund, warum rechtspopulistische Parteien wie die LEGA sogar den Innenminister der Regierung stellten. Dies ist aus meiner Sicht bedenklich. Zwischenzeitlich, seit September 2019, gibt es in Italien wieder eine europafreundlichere Regierung.

Ansonsten hätte man mit einem Kerneuropa der „Willigen" anfangen müssen. Mit den übrigen Ländern hätte man Handelsabkommen schließen sollen.

Oder werden die Politiker in Europa schon fremdbestimmt von den Lobbyisten, den Zentralbanken oder der BIZ in Basel als Zentralbank der Zentralbanken? Hierauf werde ich später noch eingehen.

Ich darf ein Zitat des schon genannten Wirtschaftswissenschaftler William White, geb. 1943, nennen:

"Ich wünschte, ich wäre genauso energisch gewesen darin, über interne europäische Probleme zu schreiben wie über globale Probleme. Heute ist es offensichtlich, dass die Sache mit dem EURO von Anfang an schief gelaufen ist."

Warum nimmt die Politik dies nicht zur Kenntnis?

Der Euroraum ist viel zu schnell auch auf solche Länder und Personen ausgedehnt worden, die mit unseren deutschen Sozialleistungen besser leben als bei voller Arbeitsleistung in ihren Herkunftsländern (z.b. Rumänien und Bulgarien).

Bei der Euroeinführung gab es handwerkliche Fehler. Oder handelte es sich um Strategien der Lobbyisten und der Großfinanz? Man erkannte möglicherweise, dass der sich aufgebaute Schuldenberg in Europa und auch in Übersee ohnehin nicht mehr abgebaut werden kann.

Werden evtl. Szenarien vorbereitet, die eine Währungsreform oder ähnliches nach sich ziehen können? Nichts ist unmöglich. Später sage ich hierzu noch etwas mehr.

Die Europäische Union ist aus meiner Sicht wünschenswert. Allerdings kann sie in dieser Form nicht funktionieren. Man sieht, dass die EU auseinander driftet, die Mitgliedsstaaten tun aber nichts und „flicken nur rum".

Die Politik sollte es verstehen, den Bürgern zu erklären, dass das Projekt EUROPA richtig ist. Die europäischen Politiker sind aber nicht in der Lage, die jeweiligen Nationalstaaten auf einen Nenner zu bringen (vergleiche Polen, Tschechien, Slowakei, Ungarn und England). Auch in Bulgarien und Rumänien kann man eigenwillige Strukturen erkennen.

Das jetzige EU-Konstrukt ist falsch und aus einer machtpolitischen Laune in Zeiten guter Prosperität von einzelnen Personen, die sich nicht von der Ratio haben leiten lassen, ins Leben gerufen und dann noch fälschlicherweise unkontrolliert erweitert worden.

Nur ein politisches Europa kann funktionieren, notfalls mit einem Kerneuropa mit vertraglichen Beziehungen zu „Resteuropa". Ich betonte schon, dass die Volkswirtschaften in der Eurozone nicht vergleichbar sind: keine einheitlichen Steuergesetze, keine einheitlichen Sozialgesetze, völlig unterschiedliche Produktivitätsniveaus und völlig unterschiedliche Wertevorstellungen der 27 EU-Staaten.

Einzelne Politiker, vornehmlich deutsche, wollten „mit Gewalt" die Eurozone schaffen, und zwar ohne das Volk mitentscheiden zu lassen. Jetzt ist deutlich und nach objektiven Kriterien feststellbar, dass die jetzige Konstruktion Europas - ohne ein vereintes Europa zu sein - gescheitert ist, weil immer mehr Geld von der Europäischen Zentralbank zu Stützung der schwachen Volkswirtschaften eingesetzt werden muss.

Dies widerspricht im übrigen auch dem Maastrichter Vertrag, in dem es u.a. heißt, dass die einzelnen Mitgliedsländer ausschließlich selbst für ihre Finanzen verantwortlich seien.

Die Menschen stellen fest, dass ihr Erspartes immer weniger wert ist, und die Schuldenberge der Staaten in der Eurozone wachsen und wachsen. Das ist keine Haushaltspolitik, die der Bürger nachvollziehen kann.

Zwischenzeitlich ist der Maastrichter Vertrag mehrfach verletzt worden. Wie kann es sein, dass sich demokratisch gewählte Regierungen eine verbindliche Satzung geben und sich später nicht daran halten?

Man hat sich bei diesen Kriterien doch damals etwas gedacht und war sich auch darüber im Klaren, dass wenn die selbst gesetzten Bedingungen nicht eingehalten werden, dieses europäische Wagnis nicht funktioniert.

In keinem privaten Haushalt oder in keinem Unternehmen dürften so eklatant Rahmenbedingungen verletzt werden. Dies hätte zwangsläufig Konsequenzen. Warum gilt dieser Grundsatz nicht auch für die Politik und die Finanzwirtschaft?

Die Neuverschuldungsquote von 3% des BIPs (Bruttoinlandsprodukt), verbunden mit einer Schuldenstandsquote von 60%, wurde mehrfach von fast allen Ländern überschritten. Sogar Deutschland hat diesen Pakt ab 2005 verwässert. Deutschland lag mehrere Jahre über den Grenzen. Jetzt nach der Coronapandemie wird sich Deutschland von ca. 60% des BIP`s auf mindestens 85% Verschuldensquote vorerst „einpendeln". Dies sind Vermutungen des momentanen deutschen Finanzministers.

Auch von der europäischen Zentralbank werden die Grundsätze verletzt, in erster Linie dadurch, dass Europa zu einer Transferunion geworden ist und der Grundsatz der Selbstverantwortung für die Finanzen immer wieder durchbrochen wurde. Ich will und kann keine Details nennen. Ich möchte einfach nur die Sichtweise eines betroffenen Bürgers schildern.

Was bedeutet es denn und was für ein Eindruck entsteht bei den Bürgern, wenn immer mehr Geld in die Volkswirtschaften gepumpt wird und immer wieder Kredite mit Krediten beglichen werden (siehe Griechenland).

Irgendwann ist eine Volkswirtschaft oder die ganze Eurozone, oder noch weiter gefasst die gesamte Finanzwelt, so überschuldet, dass nichts mehr geht und ein schmerzlicher Ausweg gesucht werden muss.

Bei privaten Überschuldungen oder Insolvenzen ist dieses Phänomen schnell erklärt und hier wird auch gehandelt. Warum gelten diese Selbstverständlichkeiten nicht in der Finanzwelt oder in der Politik?

Da die Budgets der Euro-Staaten von den Sozial- und Verteidigungslasten dominiert werden, sind sie nur durch das momentane „billige" Geld zu finanzieren. Man darf es sich gar nicht vorstellen, wenn das Zinsniveau sich wieder anhebt. Viele Volkswirtschaften würden vermutlich Bankrott gehen.

Bleibt es bei der jetzigen Finanzpolitik, verarmen die Leute mit ihrem Ersparten, weil auch bei niedriger Inflation ihr Kapital immer weniger wert wird. (Die Sparzinsen sind gegen Null gegangen. Kommunen werden heute sogar schon mit „Minuszinsen" finanziert.)

Wer steuert eigentlich diese Phänomene? Die Politik? Die Lobbyisten verschiedener Großkonzerne, die Zentralbanken oder die BIZ?

Allein diese Hinweise reichen für einen Normalbürger doch schon aus, um zu verstehen, dass es so nicht weitergehen kann.

Wir haben jetzt seit ca. 70 Jahren „Ruhe" und leben in relativem Frieden, zumindest in den sog. Wohlfahrtsstaaten.

Man darf nicht glauben, dass alles so weitergehen muss. Hierfür muss man kämpfen und wachsam sein. Dies sollte von Fachleuten gemanagt werden.

Ich bin davon überzeugt, dass es künftig zu großen Einschnitten kommen wird. Die Kreise in der Finanzwelt, die dies steuern, werden am wenigsten darunter leiden; das war in der Geschichte schon immer so.

Das Volk wird dann aber in unterschiedlicher Ausprägung unter den schlechter werdenden Lebensbedingungen leiden.

Folgende Entwicklungen sind denkbar:

- Zwangsanleihen, die die Bürger zeichnen müssen

- Vermögensabgaben, z.B. auf Immobilien (Dies vermute ich aber eher weniger, weil die Mächtigen in der Politik und der Finanzwelt dann am ehesten selbst davon betroffen wären.)

- Ein Währungsschnitt, bei dem die Schulden einfach gekappt werden

- Eine Währungsreform (gegebenenfalls dann möglicherweise sogar eine neue Weltwährung mit völlig neuen Startbedingungen)

- Massive Steuererhöhungen

Ich vermute, dass eine Steuererhöhung die Probleme nicht löst; dies sehen wir ja auch in Griechenland.

Es wird ein gravierender Währungseinschnitt kommen.

Man muss sich fragen, wer steuert das Geschehen und warum handeln die europäischen Regierungen nicht so, wie es viele anerkannte Fachleute vorschlagen?

Von einem ordentlichen Familienvater oder von einem gut geführten Familienunternehmen würde man eine Lösung eines abzusehenden Finanzproblems erwarten.

Ich sagte schon, dass wir seit über 70 Jahren Frieden in Europa haben. Dies ist ein so hohes Gut, dass wir immer und zu allen Zeiten dafür kämpfen müssen.

Trotzdem gibt es Leute, die dem populistischen und nationalen Tun - auch in Deutschland - zur Salonfähigkeit verhelfen wollen. Einzelne Länder wie Ungarn und Polen haben es schon geschafft, weite Eingriffe in die Rechtsstaatlichkeit zu vollziehen.

Die restlichen Politiker reagieren empört, unternehmen aber nichts. Man spricht davon, diesen Ländern die Geldmittel zu kürzen, weil sie sich u.a. auch in vielen Bereichen nicht solidarisch verhalten. Auch das bleibt in der europäischen Bürokratie liegen und wird nur unzureichend verfolgt.

Dies wiederum schafft Verdruss in der europäischen Bevölkerung und treibt weitere Gruppen an den Rand der Demokratie.

Politiker müssen hier besonders sensibel reagieren. Es gibt nur noch wenige Menschen, die das Leid durch die Hittler-Diktatur miterlebt haben.

Für die heute lebenden Menschen ist dies nur Geschichte.

Man nimmt die schlimmen Vorkommnisse des Dritten Reiches in vielen Kreisen der Bevölkerung weniger ernst. Dies birgt eine große Gefahr und erhöht die Hemmschwelle, mit aller Macht etwas gegen Rechtsradikale zu tun. Die Bevölkerung wächst allmählich raus aus der Vorstellung, dass so etwas wie das Dritte Reich nach 70 Jahren wieder passieren könnte. Es gibt genügend Politiker, die heute wieder „mit dem Säbel rasseln". Wehret den Anfängen! Dies ist mein Appell.

Warum unternimmt die Politik oder Finanzwelt nicht das, was nötig ist?

An dieser Stelle möchte ich nun die schon erwähnte BIZ (Bank für Internationalen Zahlungsausgleich) ins Gespräch bringen. Diese Bank wurde seinerzeit gegründet, um die Reparationszahlungen nach dem Ersten Weltkrieg abzuwickeln. Später diente sie Hitler zur Abwicklung des sog. Raubgoldes und aller anderen Finanztransaktionen, um dann nach dem Zweiten Weltkrieg das Konzept eines vereinten Europas zu entwickeln und den Euro einzuführen.

Viele Fachleute sagen, dass das Ziel dieser BIZ möglicherweise die Einführung einer Weltwährung sei. Ich muss gestehen, dass ich diesen Sachverhalt nicht beurteilen kann. Auch die Motive kann ich nur schwer nachvollziehen. Eines macht mich allerdings stutzig: Dass über diese Bank und über ihr anonymes Dasein in Basel in der Schweiz nur wenig nach außen bekannt ist.

Die Bank wurde im Jahre 1930 von den Vorsitzenden der Bank of England und der deutschen Reichsbank gegründet. Das Besondere daran war, dass die Schweiz dieses Organ so ausgestattet hat, dass sie und andere Länder auf diese Bank keinen juristischen Zugriff haben. Dies ist heute noch so.

„Wichtige Zentralbankpräsidenten treffen sich alle zwei Monate in Basel, Schweiz. Sonntagabends, 18 Präsidenten. Dies sind die Präsidenten der Zentralbank der Europäischen

Union (also der EZB), der US Zentralbank Fed, der Bundesbank und 15 weiterer Banken. In Basel treffen sich diese Vertreter zu einem scheinbar harmlosen „Dinner", …..so Adam Le Bor in seinem Buch von 2013 („Tower of Basel, the Shadowy History of the Secret Bank that Runs the World", Public Affairs)

Ich sagte schon, dass ich viele Dinge mit meinem gesunden Menschenverstand und mit meinem während des Studiums erworbenen Wissen, vor allem aber mit meiner Lebenserfahrung und der sich daraus ergebenden praktischen Bewertung beurteile.

Bei der oben dargelegten Zusammensetzung und vor dem Hintergrund, dass die BIZ in der Schweiz agiert und von keinem Staat dieser Erde kontrolliert wird, also völlig autark ohne politische Kontrolle wirkt, fällt es nicht schwer sich vorzustellen, das diese Damen und Herren die eigentlichen Drahtzieher des Finanzgeschehens sind. Dies macht es auch verständlich, dass die Regierungen auf globale Finanzprobleme hilflos reagieren. Wenn diese Herrschaften sich einig sind, die Finanzstruktur weltweit zu verändern, dann tun sie es auch.

Ich habe keine Vorstellung, wie man dies verhindern könnte. Auch die Politik wird in diesem Fall nichts verhindern können (Ganz anders als bei der Einwanderung und Flüchtlingspolitik, worauf ich noch eingehe, denn hier kann die Politik Zeichen setzen und sollte es meines Erachtens auch tun).

Die BIZ mit all ihren internationalen Verflechtungen kontrolliert sich also nur selbst. (Nicht einmal die dort tätigen

Mitarbeiter unterliegen den in der Schweiz geltenden Gesetzen; so bleiben z.B. die Bezüge der in der BIZ beschäftigten Mitarbeiter völlig steuerfrei.)

Warum weiß man eigentlich so wenig über diese Bank? (Das macht skeptisch.)

Die Politik kann die in der BIZ zusammengeschlossenen Zentralbankinstitute vermutlich nicht bremsen, aber sie müsste dem Volk doch deutlich sagen, wie es um die Schuldensituation in der Welt und speziell in Europa und Deutschland aussieht. Einfach so weitermachen, wie man dies am Fall Griechenland und Italien sieht, ist falsch und wird durch Aufschieben nicht besser; nein, es wird jedes Jahr schlechter.

Hinzu kommt, dass wenn das heutige Europa mit seinen Bestrebungen zum nationalistischen Denken nicht gestoppt werden kann, Europa auseinander bricht, mit Folgen, die nicht abschätzbar sind. Wie ich schon an anderer Stelle sagte, sollte aus meiner Sicht die oberste Priorität sein, Europa als Staatenbund, gegebenenfalls auch nur mit dem sogenannten Kerneuropa von ca. zehn Staaten, zu erhalten, d.h. mit einer einheitlichen Währung, Steuergesetzgebung und Sozialgesetzgebung. Damit könnte man einen großen Teil an Wirtschaftskraft bündeln und ein Gegengewicht zu Amerika und Asien bilden. Und dann kann man auch schwächere Regionen gemeinsam unterstützen.

Sollte die erste Priorität nicht umsetzbar oder nicht gewollt sein, könnte ein Europa mit „unterschiedlichen Geschwindigkeiten" eingeführt werden, d.h. die unterschiedliche Produktivität der einzelnen europäischen Volkswirtschaften könnte zu einem späteren Zeitpunkt aneinander angepasst werden. Vorerst müsste es z.B. ein Südeuropa und ein Nord-europa, oder so ähnlich, geben. Nichts zu tun führt in eine immer größere Abhängigkeit und zu einer immer größeren Verschuldung. Was ich allen Politikern vorwerfe, ist, dass dies einfach ignoriert wird. Nicht alle Politiker verstehen diese Sachverhalte, aber es gibt genügend gut ausgebildete Politiker aller Fraktionen, die dies erkennen müssten. Statt-dessen werden Menschen, die ihre Meinung hierzu sagen, in die „rechte Ecke" gestellt.

Die Politiker sollten, wenn sie gute Volksvertreter wären, das Volk umfassend über Gefahren und Chancen aufklären. Das passiert aber nicht, stattdessen gibt eine Handvoll Poli-tiker Thesen und Meinungen vor, über die dann im Parla-ment abgestimmt wird.

Die Politiker sollten nach der Verfassung doch nur nach ih-rem Gewissen entscheiden (wenn sie denn verstehen, was sie entscheiden sollen). In der Praxis sieht es so aus, dass durch Fraktionszwang immer die einen so und die anderen meist das Gegenteil wollen. Es gibt nur wenige Politiker, die den richtigen Durchblick und auch das Format haben, nach ihrer Überzeugung zu votieren (hier fällt mir der Abgeord-nete B. von der CDU ein). Wenn sie allerdings nicht die „Mainstream-Meinung" vertreten, werden diese Leute iso-liert.

Es ist sehr schade, dass sich die Politik und die großen mei-nungsbildenden Medien so weit vom Volk entfernt haben. Dies führt natürlich zum Politikverdruss und zum Erstarken europafeindlicher Parteien, was wir eigentlich in der schwierigen weltwirtschaftlichen Lage nicht gebrauchen können.

Zwischenzeitlich ist auch der 45. neue amerikanische Präsident Trump im Amt. Wenn er einerseits sagt, er wolle Amerika wieder stark machen, dann trifft dies sicher den Nerv vieler einfacher Amerikaner. Andererseits sollte er wissen, dass er nicht mit dem von ihm propagierten Protektionismus die Welt wieder zurückdrehen kann. Ihm wird es meines Erachtens nicht gelingen, den von ihm gepriesenen Nationalismus zum Vorteil für das amerikanische Volk zu etablieren.

Die Zollpolitik der Amerikaner mit China und Europa ist meines Erachtens falsch und schadet dem Welthandel. Auch die vielen internationalen Verträge sind z.T. durch die amerikanische Administration wieder aufgekündigt worden. Auf der ganzen Welt herrscht Unverständnis.

Die internationale Verflechtung ist zu groß. Ich sagte schon: Man muss mit dem Volk sprechen, aber es nicht dämonisieren. Wo dies hinführen kann, haben wir im Dritten Reich gesehen.

Vor diesem Hintergrund finde ich es auch gefährlich, wie sich die Politiker Wilders aus Holland, Le Pen aus Frankreich und Orban aus Ungarn und die polnische PIS-Partei verhalten.

Europa befindet sich derzeit in keiner guten Verfassung. Obgleich beispielsweise Ungarn und Polen materiell sehr stark vom europäischen Finanzausgleich und der Niederlassungs- und Dienstleistungsfreiheit profitieren, macht sich in diesen Ländern bei den politisch Verantwortlichen ein stark europafeindliches Nationaldenken bemerkbar. Unter historischen Aspekten verstehe ich dies nicht. Aus meiner Sicht ist diese Denkweise falsch und kurzsichtig.

Als meine Schwiegertochter K. von einem Polenbesuch nach Hause kam, erzählte sie, dass sich dort vieles verändert habe. Die Justiz, die Gerichte und alle strategischen Bereiche werden, so ist zu vermuten, nicht mehr ausschließlich nach der Qualifikation der Bewerber besetzt, sondern nach Parteizugehörigkeit. Die Presse wird zunehmend zensiert und die Versammlungsfreiheit ist z.t. auch schon eingeschränkt. Trotzdem, so sagt K., seien nach aktuellen Umfragen 40% der Bevölkerung für die aktuelle PIS-Partei. Zwar geht es den Polen nach dem sowjetisch geprägten Sozialismus seit 1989 innerhalb der EU zumindest in den Großstädten deutlich besser als früher. Andererseits gibt es aber gerade auf dem Lande noch immer große Armut in der Bevölkerung. Diese Personengruppen sind - wie überall - in besonderer Weise ansprechbar für vermeintlich einfache Lösungen.

Die Vermutung liegt nahe, dass die EU und Brüssel zu Unrecht ein schlechtes Image haben. In der Vergangenheit gab es einfach zu viele unsinnige Regulierungen, die keiner verstehen kann. Wenn dann noch kolportiert wird, dass nur „abgewrackte" Politiker nach Brüssel geschickt würden und sie dort aufgeblähte Zuwendungen erhielten, dann ist der Volkszorn verständlich. Die Wahrheit liegt vermutlich in der Mitte.

In vielen Ländern Europas werden die Rechtspopulisten immer stärker.

Ein gutes Beispiel für das Versagen der Politik ist auch der Brexit (EU-Austritt Großbritanniens). Auch in Großbritannien gewannen die Rechtspopulisten unter Nigel F. immer mehr Stimmen. Anstatt sich mit diesem Phänomen offensiv auseinanderzusetzen, hat sich der damalige Premierminister David C. von F. für dessen Zwecke benutzen lassen. Um die „rechte Klientel" in England für die Tories wieder einzufangen, griff C. fälschlicherweise die europafeindlichen Bestrebungen von F. auf und bot von sich aus - völlig grundlos - eine Volksbefragung der Engländer für den Austritt aus der EU an. Als es dann zur Abstimmung kam, hat C. selbst stark für den Verbleib in der EU geworben. Diese Misere, die vermutlich allen, den Engländern und den Europäern, schadet, haben in erster Linie die Politiker in England zu vertreten.

Zum Teil sind, so meine ich, aber auch die Politiker in Brüssel und der EU daran schuld. Brüssel und die EU hätten ihren Standpunkt dem englischen Volk mitteilen können, z.B. in Form von ganzseitigen Anzeigenkampagnen, die dann noch durch Statements der restlichen 27 EU-Staaten hätten unterstützt werden können. Dies ist überhaupt nicht versucht worden.

Erstmals trat bei dieser Volksabstimmung ein völlig neues, nie da gewesenes Phänomen auf. In grober Verantwortungslosigkeit wurden, federführend von Nigel F. und Boris J., der danach Außenminister und Regierungschef wurde, Falschmeldungen verbreitet, die das Volk irritieren und verunsichern sollten. Es wurde beispielhaft dargestellt, dass die Engländer für das Gesundheitswesen jede Woche 350.000 Britische Pfund nach Brüssel überweisen müssen. Dieses Geld, so wurde gesagt, müsse doch in England bleiben. Dies entspricht in keiner Weise der Wahrheit und wird zwischenzeitlich von den Initiatoren zugegeben. Solche falschen Aussagen hätten noch vor der Abstimmung mit aller Deutlichkeit klargestellt werden müssen. Mit einem „Faktencheck", veröffentlicht in überregionalen Wirtschaftszeitungen, hätte man gegen die Behauptungen vorgehen können. Aus diesem Grund hat meines Erachtens der Rest der EU auch eine Mitschuld am Brexit.

Hier in Deutschland wurde zwar immer wieder von verschiedenen Politikern gesagt, dass man sich nicht in Angelegenheiten anderer Länder einmischen könne und wolle. Dies ist aber unter diesen Gegebenheiten nur bedingt richtig, wenn man jetzt die Konsequenz sieht oder noch erleben wird.

Anstatt hier rechtzeitig aus Brüssel koordinierend gegenzusteuern, wurden von den Rechtspopulisten in England die sozialen Medien wie Facebook oder Twitter missbraucht und einseitig gezielt falsche und antieuropäische Behauptungen aufgestellt. Es wird einfach etwas ins Netz gestellt und behauptet, dass dies der wahre Sachverhalt sei. Solche sogenannten fake news potenzieren sich dann im Netz und werden von natürlichen und sogenannten social bots manipulativ kommentiert. Diese social bots sind Hochleistungsrechner, die so programmiert sind, dass im Ergebnis immer die Darstellung veröffentlicht wird, die dem Meinungsverbreiter gefällt und durch ihn programmiert worden ist. Diese meinungsmachenden Kommentare, die durch Maschinen erzeugt werden, kann man nicht von echten Kommentaren unterscheiden. Hier liegt eine große Gefahr für alle Demokratien dieser Welt.

Wenn einzelne Leute oder Geheimdienste in der Lage sind, mittels der sozialen Netzwerke Meinungen zu manipulieren, dann ist dies der Anfang vom Ende unseres heutigen Demokratieverständnisses.

Man unterstellte und unterstellt immer noch dem russischen Geheimdienst, dass gezielt fake news und social bots im amerikanischen Wahlkampf Ende 2016 zugunsten des Kandidaten Trump eingesetzt wurden. Man wollte Hilary Clinton schädigen. Diese Cyberkriminalität lässt sich meist nur schwer nachweisen.

Auch große Printmedien beteiligen sich an fake news und lancieren Meinungen im Sinne ihrer Auftraggeber und Verleger. Die Daily Mail, m.E. eine den Rechtspopulisten nahestehende international gelesene Sonntagszeitung, bedient sich zum Beispiel solcher Methoden. Bedingt durch die englische Sprache ist die Verbreitung sehr groß, speziell auch im asiatischen Raum. So kann man auf diesem Weg verbreiten, was Asiaten über Europa oder über den Zerfall von Europa wissen sollen. Auch die Einwanderungs- und Flüchtlingspolitik lassen sich so in der vom Verfasser gewünschten Form verbreiten.

Wenn man die Zeit seit der Vereidigung des amerikanischen Präsidenten Revue passieren lässt, muss man sich um die Welt und Europa Sorgen machen. Wenn es sein Ziel sein sollte, Europa zu schwächen und die populistischen Bestrebungen in Europa zu unterstützen, um die eigene Position in Amerika besser zu festigen, dann kann uns dies nicht recht sein. Die Entwicklung Amerikas während seiner Amtszeit sollte genau beobachtet werden. Durch Abgrenzung/Protektionismus und Nationalismus kann die Welt nicht sicherer werden. Dies ist durch die Geschichte hinlänglich belegt worden.

Brüssel sollte in Absprache mit den Nationalstaaten deutlich sagen, dass Sonderwünsche nicht gewollt sind. Lieber ein

Europa mit verlässlichen Partnern als ein möglichst großes Europa.

Geldmittel und Vorteilsregelungen aus Europa können nur die erhalten, die sich an die Spielregeln halten. Wenn dies den Menschen in den einzelnen Ländern so erklärt wird, werden sie es auch akzeptieren.

Wenn 80 bis 90 Prozent der Wirtschaftsleistung Europas erhalten bleiben, ist Europa immer noch mächtig genug, um sich in der Welt zu behaupten. Mit dieser Wirtschaftsleistung würde man nicht hinter der Wirtschaftsleistung der USA zurückstehen. Da Präsident Trump dies sicherlich weiß, strebt er - so wie es scheint - eine Schwächung Europas an. Im Moment ist sein Handeln für die Welt aber völlig unberechenbar. Er glaubt wohl, dass er mit einzelnen, schwächeren Ländern für die amerikanische Wirtschaft „bessere" bilaterale Verträge aushandeln kann.

Zuwanderung nach Deutschland

Wegen des rasanten Wirtschaftswachstums in den 50er Jahren kam es in der damaligen Bundesrepublik Deutschland zu einem Arbeitskräftemangel. Deshalb begann man damals, im Ausland Arbeitskräfte anzuwerben. Diese Anwerbeaktionen endeten 1973. Ab 1955 wurden zunächst Italiener angeworben, ab 1960 folgten Abkommen mit Spanien, Griechenland und Portugal.

Bis zum Mauerbau an der innerdeutschen Grenze im August 1961 bestand der Arbeitsmarkt großenteils aus Deutschen, die aus der damaligen DDR geflüchtet waren.

Nach dem Mauerbau durch das DDR-Regime fehlten die aus der DDR in den Westen geflohenen Bürger in Westdeutschland. Dies war vom DDR-Regime so gewollt, um zu verhindern, dass die DDR Arbeitskräfte verliert.

Ab 1961 wurden parallel Abkommen mit der Türkei, 1963 mit Marokko und 1965 mit Tunesien geschlossen.

Schon 1973 lebten knapp 4 Millionen Ausländer mit muslimischer Kultur in Deutschland, weil zwischenzeitlich - trotz befristeter Arbeitsverträge - auch häufig Familien nachgeholt wurden. Im Nachhinein betrachtet haben sich diese zuletzt genannten überwiegend muslimisch geprägten Personengruppen am wenigsten in Deutschland integriert. Hierzu aber später mehr.

Zu Beginn der 1990er Jahre war die Zuwanderung wieder angestiegen und sogar höher als 1970, dem Jahr mit dem höchsten Zugang an Gastarbeitern. Der Fall des Eisernen Vorhangs, Kriege und „ethnische Säuberungen" im ehemaligen Jugoslawien sowie die sich zuspitzende Lage im kurdisch besiedelten Teil der Türkei verursachten diese Entwicklung. In dieser Phase erreichte der Zuzug von Aussiedlern und Asylbewerbern seinen damaligen Höhepunkt. (Information aus der Bundeszentrale für politische Bildung). Diese Menschen wurden, wie den Informationen der Bundeszentrale für politische Bildung zu entnehmen ist, „von großen Teilen der Bevölkerung nicht willkommen geheißen."

„Mit der deutschen Wiedervereinigung verbreitete sich in Deutschland eine ausländerfeindliche Grundstimmung, die in zahlreichen Ausschreitungen gegen Asylsuchende und die ausländische Bevölkerung mündete.

1991 wurden in Hoyerswerda Asylsuchende aus ihren Unterkünften vertrieben und mit Steinen beworfen. Im gleichen Jahr wurden in Hünxe zwei Flüchtlingskinder bei einem Brandanschlag schwer verletzt. 1992 wurden in Rostock unter öffentlichen Beifallsbekundungen die Unterkünfte von Asylbewerbern mehrere Tage belagert und schließlich in Brand gesetzt. In Mölln (1992) und Solingen (1993) wurden Brandanschläge auf bereits lange in Deutschland lebende türkische Familien verübt, die in den Flammen starben oder schwer verletzt überlebten."

Meine persönliche Meinung hierzu ist, dass dieses Verhalten gegenüber Bürgern, Asylbewerbern oder sonstigen Gästen unerträglich ist und mit Abscheu verurteilt werden muss. Was ich allerdings vermisse, ist die strategische Ausrichtung der Politik auf diese Vorkommnisse. Man hat scheinbar aus diesen Vorkommnissen in diesen Jahren

nichts gelernt, sonst hätten die aktuellen Asyl - und Fluchtbewegungen seit 2015 in Deutschland und in Europa sicher
besser gemanagt werden können.

Massenmigrationen und größere Fluchtbewegungen hat es
schon immer gegeben. So sind beispielsweise zwischen den
Jahren 1821 und 1924 allein etwa 55 Millionen Menschen aus
Europa nach Übersee ausgewandert. Auch nach den beiden
Weltkriegen kam es in Europa zu Massenflucht und Vertrei-
bung.

Die jetzigen Verhältnisse sind aber anders. Nach der ersten
„türkischen Einwanderungswelle" Anfang der 1960er Jahre
geht es jetzt überwiegend um Armutsflüchtlinge.

Die jetzt aus dem Syrienkonflikt entstandenen Fluchtbewegungen waren seit Beginn dieses Konfliktes vorhersehbar.
Auch mit den aus Afrika resultierenden Fluchtbewegungen
– meist Wirtschaftsflüchtlinge – musste gerechnet werden.

Da man immer noch nicht in der Lage ist, unsere Grenze so
zu bewachen, dass Zuwanderer - aus welchen Gründen
auch immer - unbemerkt einreisen können, entstehen Freiräume für die Einschleusung krimineller Personen.

Jüngst wurde m.E. bekannt, und durch Aussagen ehemaliger russischer Geheimdienstagenten bestätigt, dass von
Russland aus über den Weg des Asyls aus den ehem. Kau-
kasussowjetrepubliken Agenten/Spione eingeschleust wurden und werden.

Das liberale Deutschland ist in dieser Hinsicht zu „blauäu-
gig" und liberal und verhält sich nicht professionell genug.

Es kommt noch hinzu, dass in der momentanen Situation, wegen unseres liberalen Verhaltens und unserer sog. Willkommenskultur, viele Armutsflüchtlinge kommen, weil Deutschland eine vermeintlich unbegrenzte Aufnahmekapazität hat und viele glauben, hier Wohlstand ohne Arbeit erreichen zu können. Diese Menschen wissen, dass ihnen in Deutschland keine Gefahr droht, sie für ihre Verhältnisse großzügig unterstützt werden, und man überdies hier sehr leicht illegal untertauchen kann.

Da das Grundgesetz - vermutlich wegen der Schicksale der Verfolgten im Nationalsozialismus - das Recht auf Asyl relativ weit gefasst hat, sollte man sich auch hieran halten und den Menschen, die Asyl brauchen, Hilfe gewähren. Dies ist mein Standpunkt. Wer Angst um sein Leben hat, dem muss geholfen werden.

Dies bedeutet nach meiner Auffassung allerdings nicht, dass Asylsuchende ein dauerhaftes Bleiberecht haben. Wenn der Konflikt im Land behoben ist, muss die Politik dafür sorgen, dass diese Menschen auch zurückgeführt werden.

Obgleich es sogenannte temporäre Aufnahmeprogramme (erste, zweite und dritte Aufnahmeordnung von syrischen Flüchtlingen) für schutzbedürftige Syrer gab, wurde Europa, insbesondere Deutschland, im Jahre 2015 von einer „Fluchtwelle" meist syrischer Muslime überrascht. Hierauf war man, trotz der Erfahrungen aus den 90er Jahren, nicht vorbereitet.

Warum kann die Politik nicht festlegen, was hier in Europa und speziell in Deutschland gewollt ist? Warum haben wir kein richtiges Einwanderungsgesetz, in dem klar geregelt ist, wen wir wollen und wen nicht. Dies ist doch Aufgabe der Politik!

Stattdessen gibt es Schuldzuweisungen, sogar innerhalb der CDU/CSU, und in der Bevölkerung wird Angst geschürt. Dieses „Multikultigequatsche", überwiegend von den „Grünen", ist großen Teilen der Bevölkerung zuwider. Was ist seit 2015 in der Flüchtlingspolitik geschehen?

44 Abgeordnete der CDU/CSU-Fraktion haben Anfang 2016 einen Aufruf an die Bundeskanzlerin Merkel gerichtet. Sie fordern einen Kurswechsel. Wolfgang Bosbach war hier federführend. Er spricht dem Volk aus der Seele. Die Flüchtlingspolitik wird leider nur von wenigen gesteuert und geht meines Erachtens völlig am Mehrheitswillen der Bevölkerung vorbei.

Bosbach ist politisch relativ kaltgestellt, und Leute, die die Überfremdung und Bevormundung nicht wollen, werden nur zu häufig in die „rechte Ecke" gestellt. Dies ist sehr schade; jeder sollte deutlich seine Meinung sagen dürfen, ohne dadurch Nachteile zu haben.

Mir scheint, die Politik in ihrem „Glashaus" ist so abgehoben oder wird von verschiedenen Kreisen so hofiert, dass sie den Bezug zur Stimme des Volkes verloren hat.

„Sehr geehrte Frau Bundeskanzlerin,

wir alle sind uns einig: Die Bewältigung der anhaltenden Flüchtlingskrise ist die größte politische und gesellschaftspolitische Aufgabe und Herausforderung unserer Zeit. Wir sind uns auch darin einig, dass die Bundesrepublik Deutschland nicht nur aus verfassungs- und völkerrechtlichen

Gründen dazu verpflichtet ist, ihren Anteil bei der Bewältigung der Flüchtlingskrise zu leisten, sondern auch und insbesondere aus humanitärer Verantwortung gegenüber jedem Einzelnen, der Schutz vor politischer Verfolgung sucht oder aus Kriegs- oder Bürgerkriegsgebieten zu uns kommt.

Im Jahr 2014 haben wir knapp 200.000 Flüchtlinge aufgenommen. Für das vergangene Jahr gab es die Prognose von 400.000, tatsächlich haben wir im gesamten Jahr 2015 über 1 Million Schutzsuchender aufgenommen. Die genaue Zahl kennen wir nicht und können wir auch nicht kennen, weil einige Flüchtlinge von Deutschland aus in die Nachbarländer weitergereist sind und weil es auch in nicht unerheblichem Umfange unkontrollierte und damit unregistrierte Zuwanderung gegeben hat.

Allein in den Monaten September/Oktober 2015 haben wir etwa doppelt so viele Flüchtlinge aufgenommen wie im gesamten Jahr 2014 und in den letzten zwölf Monaten insgesamt mehr Flüchtlinge als in den letzten zwölf Jahren. Zwar sind die Zugangszahlen in den letzten Monaten deutlich gesunken, aber selbst wenn es bei „nur" 3000-4000 Flüchtlingen pro Tag bleibt, würden auch in diesem Jahr wiederum 1 Million Flüchtlinge nach Deutschland kommen. Nach den Erfahrungen der letzten Jahre ist damit zu rechnen, dass die Zahlen spätestens im Frühjahr dieses Jahres wieder deutlich ansteigen werden.

Angesichts dieser Entwicklung wachsen die Zweifel daran, ob wir tatsächlich „das" schaffen können, was wir im Interesse unseres Landes – und aller Flüchtlinge – unbedingt schaffen müssten:

Schnelle Anerkennungsverfahren, damit rasch Klarheit darüber besteht, wer ein (zeitlich begrenztes) Aufenthaltsrecht für die Bundesrepublik Deutschland erhalten kann – oder nicht – sowie die rasche Rückführung abgelehnter Personen. Die Unterbringung von Flüchtlingen in angemessenen, winterfesten Unterkünften. Die Unterbringung in Turnhallen oder Zeltstädten kann doch nur eine vorübergehende Lösung sein. Viele Städte und Gemeinden haben aber – leider – keine andere Möglichkeit der Unterbringung. Des Weiteren wäre eine zügige und vor allem gelungene Integration in die Gesellschaft und in den Arbeitsmarkt notwendig. Wenn aber die Zugangszahlen weiterhin so bleiben oder ab Frühjahr weiter steigen werden, besteht die Gefahr, dass wir diese Ziele tatsächlich nicht erreichen können. Dann geht es nicht um die Frage, ob wir „das" erreichen wollen, sondern ob wir objektiv in der Lage sind, das zu schaffen, was wir angesichts der gewaltigen Herausforderungen eigentlich schaffen müssten.

Es ist ja richtig, dass unser Asylrecht weder Höchstzahlen noch Quoten kennt, aber es ist auch richtig, dass die Bundesrepublik Deutschland keine völlig unbegrenzte, schrankenlose Aufnahmekapazität hat und auch keine unbegrenzte Integrationskraft in die Gesellschaft und auf den Arbeitsmarkt.

Die Entscheidung der Bundesregierung, die Flüchtlinge aus Ungarn Anfang September 2015 durch die Anwendung von § 18 Abs. 4 AsylG „unbürokratisch" nach Deutschland einreisen zu lassen, ist für uns nicht nur nachvollziehbar, sondern auch verständlich, insbesondere zur Vermeidung humanitärer Härten, zumal diese Flüchtlinge ohnehin nicht in Ungarn bleiben oder nach Österreich weiterreisen wollten –

ihr Ziel war die Bundesrepublik Deutschland, und es war wohl nur eine Frage der Zeit, bis die Weiterreise in unser Land ohnehin erfolgt wäre.

Bei § 18 Abs. 4 AsylG handelt es sich allerdings erkennbar um eine Ausnahmevorschrift, die in einer bestimmten Situation beispielsweise zur Vermeidung humanitärer Härte oder für einen eng begrenzten Zeitraum angewandt werden kann. Sinn und Zweck der Vorschrift ist es jedoch nicht, durch eine bloße Anordnung des zuständigen Ministeriums für einen längeren Zeitraum oder gar auf Dauer die gesamte übrige Rechtslage, insbesondere § 18 Abs. 2 AsylG außer Kraft zu setzen.

Sinn und Zweck des Gesetzes über den Aufenthalt, die Erwerbstätigkeit und die Integration von Ausländern im Bundesgebiet – kurz: Aufenthaltsgesetz – setzt gem. § 1 Abs. 1 AufenthG „die Steuerung und Begrenzung des Zuzugs von Ausländern in die Bundesrepublik Deutschland ... unter Berücksichtigung der Aufnahme- und Integrationsfähigkeit, sowie der wirtschaftlichen und arbeitsmarktpolitischen Interessen der Bundesrepublik Deutschland" voraus.

Soweit und solange § 18 Abs. 4 des AsylG bei der Zuwanderungspraxis Anwendung findet, ist es jedoch der Bundesrepublik Deutschland weder möglich, die Zuwanderung aus humanitären Gründen zu begrenzen, noch die Zuwanderung unter Berücksichtigung der Sicherheitsinteressen der Bundesrepublik Deutschland zu steuern. Daher sind wir der Überzeugung, dass wir – möglichst rasch – wieder zur Anwendung des geltenden Rechts zurückkehren müssen. Dies gilt sowohl im Hinblick auf den bereits mehrfach zitierten § 18 Abs. 2 AsylG als auch im Hinblick auf die Verordnung

Dublin II/III. In dem gemeinsamen Positionspapier von CDU und CSU mit der Überschrift „Menschen in Not helfen, Zuwanderung ordnen und steuern, Integration sichern" heißt es wörtlich: „Unsere zentralen Ziele sind: •Zuwanderung ordnen und steuern, sowie Fluchtursachen bekämpfen, um so die Zahl der Flüchtlinge zu reduzieren °Menschen in Not zu helfen und die Integration Schutzbedürftiger zu sichern°.

Diese Ziele werden wir nur dann erreichen können, wenn wir die derzeitige Zuwanderungspraxis nicht unbegrenzt fortsetzen.

Wir unterstützen ausdrücklich die Bemühungen der Bundesregierung, gemeinsam mit den europäischen Partnern dafür zu sorgen, dass die Fluchtursachen ebenso energisch und konsequent bekämpft werden wie das Schlepper-Schleuserunwesen. Wir haben allerdings die Befürchtung, dass diese Ziele in absehbarer Zeit nicht erreicht werden können, jedenfalls nicht so schnell, wie das angesichts des anhaltenden Zustroms von Flüchtlingen unbedingt notwendig wäre.

Wir unterstützen auch nachdrücklich die Bemühungen der Bundesregierung, gemeinsam mit den europäischen Partnern die Flüchtlingskrise zu lösen. Allerdings müssen wir – leider – feststellen, dass es nach wie vor viele Länder der EU gibt, die sich standhaft weigern, ihren Anteil an der Lösung der Flüchtlingskrise durch Aufnahme und Unterbringung einer angemessenen Zahl von Flüchtlingen zu leisten. Bereits vor vielen Monaten ist nicht nur die Einrichtung der sog. Hotspots beschlossen worden, sondern auch die EU weite Verteilung von 160.000 Flüchtlingen – und obwohl seit diesen Beschlüssen viele Monate vergangen sind, können wir nicht feststellen, dass der Vollzug dieser Beschlüsse konsequent erfolgt. Wir müssen befürchten, dass sich daran auch in absehbarer Zeit nichts ändern wird.

Außerdem: Selbst wenn es zu einer angemessenen Verteilung in der Europäischen Union käme; wie könnten wir verhindern, dass Flüchtlinge – wenn sie gegen ihren Willen in Länder der Europäischen Union verteilt werden – in jene Länder weiterwandern, in die sie gerne weiterwandern würden? Durch die Abschaffung der Binnengrenzkontrollen ist diese Sekundärmigration relativ leicht möglich.

Sehr geehrte Frau Bundeskanzlerin,

so sehr wir die Auffassung vertreten, dass die Bundesrepublik Deutschland selbstverständlich ihren humanitären, verfassungsrechtlichen und völkerrechtlichen Verpflichtungen nachkommen muss, so sehr vertreten wir auch die Auffassung, dass wir unser Land und unsere Gesellschaft nicht überfordern dürfen. Man kann von keinem Land verlangen, mehr zu leisten, als es objektiv zu leisten im Stande ist. Auch für das Grundrecht auf Asyl gilt der römisch-rechtliche Grundsatz: „nemo potest ad impossibile obligari".

Angesichts der Entwicklung der letzten Monate können wir nicht länger nur von einer großen Herausforderung sprechen, wir stehen vor einer Überforderung unseres Landes. Deshalb halten wir eine Änderung der derzeitigen Zuwanderungspraxis – aus humanitären Gründen – durch die Rückkehr zur strikten Anwendung des geltenden Rechts für dringend geboten.

Mit freundlichen Grüßen"

Der studierte Jurist Wolfgang Bosbach ist seit 20 Jahren Bundestagsabgeordneter für die CDU und arbeitet am Wochenende als Anwalt. Bosbach setzt sich gegen aktive Sterbehilfe ein. Bundesweit bekannt wurde er durch sein Nein zum Euro-Rettungsschirm. Er ist verheiratet und hat drei Töchter.

Muslime haben mehr Kinder, proportional werden sie also immer stärker in der Bevölkerung, dies überwiegend gepaart mit patriarchischen Familienstrukturen und immer stärkerer Dominanz in der Öffentlichkeit. Z. B. waren Türken in der ersten Generation Gäste, die arbeiten wollten. Die Kinder heute in der dritten und vierten Generation verhalten sich vielfach wie „Machos", leben z. T. ihren Fundamentalismus in Parallelwelten aus und sind aggressiv. Auch wenn sie schon Deutsche sind, huldigen sie teilweise dennoch dem autoritären Machtgehabe des derzeitigen türkischen Präsidenten Erdogan. Jedenfalls entsteht dieses Bild häufig in der Öffentlichkeit.

Noch dominiert dieses Verhaltensmuster nicht. Mich stört es aber. Wehret den Anfängen!

Wir leben seit vielen Jahrhunderten in christlich geprägten Regionen. So soll es meines Erachtens auch bleiben.

Wenn die Politik nicht entscheidet, ist zu befürchten, dass wir irgendwann eine Minderheit in einem muslimisch geprägten Land sein werden. Hiervor haben die Menschen Angst; das sorgt auch für Zulauf der rechtspopulistischen Parteien in Europa und in den USA.

Wichtig ist, klar in Europa und Deutschland zu entscheiden, was hier in Deutschland passieren soll.

Religionsfreiheit ja, aber zu Bedingungen, wie wir es hier im Land für richtig erachten. In ihren eigenen Wohnungen können die Muslime beten so viel sie wollen und sich die Frauen auch verschleiern. In der Öffentlichkeit sollte es anders sein.

Durch den schrecklichen, wiederum von einem Muslim getätigten Terrorangriff mit einem LKW auf einem zentralen Berliner Weihnachtsmarkt haben sich die Diskussionen noch einmal deutlich verschärft.

Bei objektiver Betrachtung muss ich allerdings anmerken, dass es zwar fast immer religiös geprägte Anschläge sind, doch muss man aus meiner Sicht hier deutlich das Terrorphänomen vom üblichen muslimisch geprägten Verhalten trennen, auch wenn aktuell nach diesem Anschlag verschärfte Gesetze, Videoüberwachungen und sonstige Restriktionen für Muslime gefordert werden.

Aus meiner Sicht muss man sich als Staat nicht von diesen muslimisch geprägten Terroristen „verrückt" machen lassen. Ich bin fest davon überzeugt, dass diese Phänomene des Terrors temporär sind, weil der deutsche Staat aus meiner Sicht in der Lage ist, sich mit Hilfe von Polizei und Justiz zu wehren. Dies war auch schon bei dem RAF-Terror in den 70er Jahren so. Auch hier hat der Rechtsstaat gesiegt.

Das weitaus größere Problem sehe ich in der Unterwanderung konservativer Muslime mit all ihren Ausprägungen wie Moscheenbau, Tragen von Burka oder Nikab usw.

Auch wird meines Erachtens unsere öffentliche Ordnung dadurch gestört, dass zunehmend Jugendliche in der dritten oder vierten Einwanderergeneration unter den fünf Millionen Moslems in Deutschland zunehmend und verstärkt die

Tendenz zeigen, orientalische und muslimische Werte hier in Deutschland einzufordern.

Wie kann es sonst sein, dass Mädchen nicht gemeinsam mit Jungen in einem Schwimmbad baden oder dass Jungen oder Jugendliche sich weigern, hiesigen Frauen und Lehrerinnen die Hand zu geben.

Wir sollten allergrößten Wert darauf legen, dass unsere seit 1000 Jahren und länger geprägte Kultur uns nicht von muslimischen Hardlinern kaputt gemacht wird.

Menschen, die sich hier integriert haben und unsere Werte akzeptieren, sind erwünscht, keinesfalls ist es aber akzeptabel, dass Hardliner wie die sogenannten Salafisten sich immer mehr Gehör verschaffen und ungestört Hasspredigten verbreiten und Korane offen in deutschen Städten verteilen können.

Aus diesen Kreisen werden auch vielfach sogenannte „Kämpfer für den IS" (Islamischer Staat als reine Terrororganisation) rekrutiert.

Meines Erachtens kann sich die Politik nicht hinstellen und sagen: „Wir können nichts machen, wir können nur dann eingreifen, wenn Straftaten begangen werden."

Notfalls müssen hier Sondergesetze erlassen werden, die dieses Treiben unterbinden. Nichtstun wird dem deutschen Staat sonst von den Salafisten als Schwäche ausgelegt.

Ich bin davon überzeugt, dass die Mehrheit in der Bevölkerung ebenfalls dieser Meinung ist. Nur die Politik scheint dies nicht so zu sehen, und das ist schlimm, weil die deutsche Bevölkerung sich dies auf Dauer nicht bieten lassen und demzufolge ihr Heil in rechtsradikalen Parteien suchen wird. Dies sollte im Interesse aller vermieden werden.

Warum kann man nicht - wie schon gesagt - ein straffes Einwanderungsgesetz schaffen, in dem genau definiert wird, welche Bildungsschichten und welche Personen wir wollen und welche Bedingungen erfüllt werden müssen, um hier als Gast zu leben.

Ich bin natürlich für Religionsfreiheit, ich habe auch nichts gegen Menschen muslimischen Glaubens, allerdings sollten sie uns nicht in der Öffentlichkeit mit ihren Symbolen und fremd anmutenden Handlungen konfrontieren. Sie sind Gäste, und so sollten sie sich auch bewegen und benehmen.

Wir können in der Öffentlichkeit doch auch nicht die im Westen gelebten Werte in z.B. Saudi-Arabien leben und praktizieren. Auch verlangt man von westlichen weiblichen Touristen z.B. in Persien das Tragen eines Kopftuchs. Dort wird Wert auf diese religiösen Vorgaben gelegt. Man kann es sich nicht aussuchen. Diese Menschen wollen es so.

Warum sagen wir nicht auch in Europa und in Deutschland, was uns stört und was wir wollen. Es kann doch nicht sein, dass uns die orientalische Kultur Stück für Stück „verordnet" wird. Wenn Muslime fünfmal am Tag beten wollen, sollen sie es tun, aber dann in ihren eigenen privaten Räumen oder in ihren Gebetshäusern. Für mich ist das Gastrecht heilig, und Personen, die hier Gastrecht genießen, sollten dies auch respektieren.

Man sollte auch nicht vergessen, dass aufgrund der unterschiedlichen Kulturen die Lebensgewohnheiten andere sind. In vielen einfach geprägten Familien gilt nach wie vor der orientalisch geprägte Grundsatz: Altersvorsorge bedeutet Kinder zeugen.

Die meisten Einwanderer sind und bleiben in den einfachen Bildungsschichten und gerade hier werden pro Familie deutlich mehr Kinder geboren, als dies bei deutschen Familien der Fall ist. Wohin dies führt und welche Bevölkerungsgruppe langfristig stärker wächst, brauche ich nicht zu erläutern.

In diesem Zusammenhang möchte ich aus dem Winsener Anzeiger

- 8. Oktober 2018 - zitieren:

„Der Flüchtlingskoordinator Gerhard K. aus Stelle blickt kritisch auf Hindernisse, Menschen und Motivation in der Flüchtlingsarbeit. Und diese Menschen stehen wirklich nicht in dem Verruf, rechtes Gedankengut zu verbreiten. Er sagt u.a.:

70% der Asylbewerber verschließen sich!

Das Kernproblem in der Flüchtlingsarbeit sei aber weder der Arbeitsmarkt noch die größtenteils schlechte Bildung. Wir wissen gar nicht, wer hier überhaupt lebt. Wir kennen zwar diejenigen, die sich von sich aus integrieren wollen, aber von den anderen kennen wir nicht einmal das Herkunftsland oder ihren Status, erklärt Koch. Dabei handelt es sich bei dieser Gruppe sogar um die Mehrzahl der Asylbewerber. Etwa 70 Prozent von ihnen würden sich den Integrationsangeboten der Ehrenamtlichen verschließen. Sie sind nicht integrationswillig und haben keine Lust, sich selbst zu versorgen, berichtet Koch. Viele von ihnen seien sogenannte fiktive Bewohner. Sie sind zwar in Stelle gemeldet, wohnen aber bei

Freunden oder Familienangehörigen irgendwo anders in Deutschland. Versuche des Flüchtlingskoordinators, auch diese Menschen einzubeziehen und deren Entwicklung zu fördern, scheiterten aus datenschutzrechtlichen Gründen. Weder der Betreiber der Unterkunft noch der Landkreis Harburg kooperierte mit Koch in dieser Problematik. Er fühle sich in dieser Angelegenheit allein gelassen und als >nützlicher Idiot<."

Ich bedaure diese Entwicklung im Hinblick auf die seit Jahrtausenden gewachsene Kultur hier in Europa.

Seit ca. 1400 Jahren gibt es den muslimischen Glauben bis heute in sehr unterschiedlicher Ausprägung. Diese Glaubensrichtungen bekämpfen sich vielfach gegenseitig, gerade in jüngster Zeit. Hier sind Beispiele im Jemen und in Syrien zu nennen. Es bekämpfen sich verfeindete Religionsgruppen wie z.B. die Sunniten und die Schiiten.

Nach dem Sturz Saddam Husseins durch einen widerrechtlich begonnenen Krieg der Amerikaner unter dem damaligen Präsidenten Bush jun. fühlen sich jetzt z.B. die Sunniten durch die Bevölkerungsmehrheit der Schiiten unterdrückt. Viele der ehemaligen Soldaten und Offiziere, die unter Saddam Hussein tätig waren und natürlich Glaubensbrüder der Sunniten waren, waren nach dem Sturz Saddam Husseins arbeitslos oder sogar im Gefängnis.

Aus diesem Frust und der Verzweiflung ist dann der sog. „Islamische Staat" (IS) mit seiner brutalen Schreckensherrschaft entstanden.

Muslime und Christen haben sich seit dieser Zeit von vor 1400 Jahren noch nie gut vertragen. Bei den Muslimen geht es um die Weltherrschaft und die Bekämpfung der sog. Ungläubigen, wozu nach dem Verständnis der Muslime auch die Christen gehören.

Der muslimische Glaube ist nach deren Verständnis auch nicht nur ein Glaube, sondern eine Weltanschauung, die nur die eigenen Regeln duldet. So sehen es jedenfalls die konservativen Muslime.

Die Trennung von Legislative, Exekutive und Judikative, wie es in unseren westlichen Demokratien selbstverständlich ist, ist in den muslimisch geprägten Ländern nicht gegeben. Aus dem Glauben heraus wird dort Recht gesprochen. Es gilt die sogenannte Sharia mit grausamen Hinrichtungen und Steinigungen, z.B. heute noch in Saudi-Arabien. Auch Frauen werden nicht so behandelt, wie wir es in unseren Demokratien kennen.

Die Menschen aus diesen Kulturkreisen denken anders, handeln anders und leben meist auch ihr Leben so, wie sie es in ihren durch Männer beherrschten Herrschaftsstrukturen erlebt haben.

Deshalb darf dieses Verhalten in Deutschland auch nicht mit der Religionsfreiheit entschuldigt und geduldet werden.

Zwischenzeitlich leben ca. fünf Millionen dieser Menschen in Deutschland.

Viele haben sich auch sehr gut angepasst und wenn sie dann ihren Glauben so leben, dass das überwiegend christlich geprägte Bild nicht gestört wird, dann hat vermutlich auch kein Deutscher etwas gegen ausländische Muslime, die sich hier integriert haben und nicht gegen unser Gastrecht verstoßen.

Leider hat die Entwicklung der letzten 50 Jahre etwas anderes gezeigt.

Vornehmlich junge Leute fühlen sich in den letzten 10 bis 15 Jahren verstärkt zum muslimischen Konservatismus hingezogen. Und hieraus rekrutieren sich dann diejenigen, die in den Djihad, den heiligen Krieg ziehen, sich beim IS in Syrien ausbilden lassen und über unkontrollierte Außengrenzen wieder nach Europa kommen.

Die Politik sollte dieses Thema nicht immer unter dem Gesichtspunkt des Fremdenhasses sehen, nein, bei objektiver Betrachtung und der These, dass die Muslime die Weltherrschaft anstreben, sollte hierüber vorurteilsfrei informiert und diskutiert werden. Warum überlässt man das Feld der AfD? (Teile dieser Partei sind sicherlich rechtsnational und aus meiner Sicht nicht akzeptabel). Die überwiegende Zahl spricht aber nur aus, was viele im Volk denken.

Von allen sonstigen Parteien werden diese Themen bisher verdrängt und Meinungsmacher geben die Richtung vor, ob sie richtig ist oder nicht und ob das Volk dies akzeptiert oder nicht.

Die jüngste Entwicklung - September 2019 - bei den Bootsflüchtlingen aus Afrika, die in Italien anlanden, zeigt, dass die Deutschen den Italienern 25% der Flüchtlingsquote abnehmen wollen.

Der Politiker L. von der FDP war - neben der AfD - der einzige Politiker, der dies kritisierte, weil der Rest von Europa sich in Schweigen hüllt.

Vielleicht verhält man sich auch so, weil viele Menschen immer noch die schrecklichen Vertreibungen aus der Nazizeit vor Augen haben. Dies war schlimm. Allerdings sollten wir uns heute, losgelöst von diesen Gedanken, ganz realistisch mit den heute aktuellen Themen befassen. Ich vermisse auch eine gewisse Objektivität zu diesem Thema in den Medien und den Fernsehtalkshows.

Wie oft ist seinerzeit der Gründer der AfD, Herr Prof. L., von den Medien angegriffen worden. Heute ist er nicht mehr in der AfD, weil Teile der Partei zu „rechts" sind und er dies nicht mittragen wollte. Dennoch wird er weiter angegriffen und ist nicht in der Lage, an der Universität in Hamburg seine Vorlesungen zu halten.

Die Renten

Die gesetzliche Rentenversicherung gehört zu unserem Sozialversicherungssystem und es gibt sie schon seit 1889. Sie hat sich im Wesentlichen bewährt und war immer ein Rückhalt für die arbeitende Bevölkerung. Der zu zahlende Beitrag für diese gesetzliche Rentenversicherung orientiert sich an der Erwerbsart der Bürger und Beschäftigten und wird durch Arbeitgeberbeitragszahlungen und Steuermittel ergänzt. Eheleute, die nicht arbeiten, sind meist über den Ehepartner mitversichert.

Die paritätische Mitfinanzierung durch die Arbeitgeber bis zur Beitragsbemessungsgrenze wird seit einiger Zeit zunehmend von den Arbeitgebern in Frage gestellt. In diesem Zusammenhang verweise ich auch auf meine Aussagen zum Euro und auf das Verhalten der wirtschaftlich „Mächtigen", die scheinbar billigend in Kauf nehmen, dass die Kluft zwischen Arm und Reich immer größer wird und damit auch politische und wirtschaftliche Spannungen in Kauf nimmt.

Früher war das Denken unserer Unternehmer - vor der Globalisierung - geprägt von wirtschaftlicher Entwicklung des Unternehmens, aber auch vom Wohlergehen und einer auskömmlichen Entlohnung der Arbeitnehmer. Diese Einstellung hat sich meinem Eindruck nach auf der ganzen Welt - so auch in Deutschland - verändert. Menschen - Arbeitnehmer - werden heute nur noch als Kostenfaktor empfunden, der dem Gewinnmaximierungsprinzip der Unternehmen untergeordnet wird.

Hier gibt es viele Beispiele, die dies deutlich machen. Nehmen wir das Beispiel Post. Die Entwicklung der Post, ursprünglich ein Staatsbetrieb mit Beamten als Arbeitnehmern, hat sich aus Sicht der betroffenen Beschäftigten katastrophal entwickelt. Die Zustellbezirke der Postboten werden immer größer, die Beschäftigten verspüren immer mehr Druck und werden über Subunternehmen und über Zeitarbeitsverhältnisse immer mehr ausgebeutet. Die Arbeitgeber argumentieren mit hohen Lohnnebenkosten und Wettbewerbsfähigkeit im Rahmen der Globalisierung. Deshalb wollen sie die Arbeitgeberanteile möglichst nicht mehr zahlen. Natürlich muss ein ausgewogenes Mittelmaß gefunden werden, um dem Konkurrenzdruck der nicht mehr wegzudiskutierenden Globalisierung gerecht zu werden. Andererseits kann dies aber auch nicht nur zu Lasten der Beschäftigten gehen. Es muss meines Erachtens nicht so weit gehen, dass ausbeuterische Werkverträge oder Scheinselbstständigkeiten reguläre Festanstellungen zunehmend verdrängen.

Über diesen Weg forciert man die Armut, weil bei diesen Beschäftigten keine Beiträge in die gesetzliche Rentenversicherung fließen. Zu privater Vorsorge sind diese Menschen überwiegend nicht in der Lage.

Während historisch das deutsche Rentenversicherungssystem in Europa bewundert wurde, ist es heute, nach der Agenda des ehemaligen Bundeskanzlers Gerhard Sch. (SPD), eher zu einem System geworden, das nicht mehr sicherstellt, dass Personen, speziell im Niedriglohnsektor, von der Rente, die sie nach einem langen Arbeitsleben von 45 Jahren erhalten, noch auskömmlich leben können. Innerhalb Europas (Österreich, Schweiz, Holland und skandinavische Länder) gibt es deutlich bessere Regelungen. Deshalb plädiere ich für eine gewisse Grundrente aller deutschen Bürger. Volkswirtschaftlich könnte diese Basisversorgung eine sinnvolle Einrichtung sein. Die heutigen Sozialleistungen, die sehr aufwändig verwaltet werden, könnten entfallen. In unserem ökonomisch starken Land in der Mitte Europas müsste diese Basisabdeckung möglich sein. Dies ist in Deutschland - wenn man es will - auch zu finanzieren. Durch die Überbewertung des EURO in Deutschland haben Unternehmen in Europa deutliche Wettbewerbsvorteile.

Mit der Finanzierbarkeit und Nachhaltigkeit auskömmlicher Rentenleistungen muss aus meiner Sicht bald etwas geschehen. Ich empfinde es bei Kenntnis dieser Sachlage unverantwortlich von der Politik, hier nicht einzugreifen und nicht gegenzusteuern. Die Rente wird, wie ich schon sagte, von den festangestellten Beschäftigten, nicht von den Beamten und Freiberuflern, finanziert. Die heute arbeitenden Personen erwirtschaften die Renten der heute lebenden Rentner.

Jeder halbwegs begabte Mensch kann erkennen, dass bei der momentanen Bevölkerungspyramide und den zunehmend schlechteren Arbeitsbedingungen bei zunehmend prekären Arbeitsverhältnissen die Parameter der Finanzierbarkeit auseinanderlaufen. Immer weniger gut verdienende Angestellte als Finanzierer der Rentenversicherung stehen immer mehr und länger lebenden Rentnern gegenüber.

Wenn nichts geändert wird, muss dies dazu führen, dass entweder Personen immer länger arbeiten müssen oder dass die Beiträge zur Rentenversicherung immer weiter steigen oder beide Phänomene gleichzeitig auftreten. All dies ist politisch und finanziell nicht zu vertreten. Alle politischen Parteien müssten gemeinsam eine richtige und faire Entscheidung vorbereiten. Es gibt genügend Fachleute und Institute, die dies begleiten könnten. Diese Maßnahme wäre ein Langzeitprozess von vielen Jahrzehnten. Die Rentensystematik kann nicht „auf Knopfdruck" umgestellt werden. Es muss aber damit begonnen werden!

Richtig wäre, wenn alle Bevölkerungsschichten in diese vom Grundsatz richtige soziale Rentenversicherung einzahlen würden. Beamte, Politiker, Selbstständige und Angestellte. Stattdessen hat man mit der Agenda des Kanzlers Gerhard Schröder die gesetzliche Rentenversicherung geschwächt, ausgehöhlt und reduziert. Die Lobbyisten der Finanzwirtschaft haben erreicht, dass steuerlich geförderte, überteuerte private Rentenversicherungen abgeschlossen werden. Diese Produkte - anfänglich viel gelobt, heute verteufelt - wurden nach dem damaligen Minister Riester benannt. Sie waren und sind bis heute mit hohen Vertriebskosten belastet. Nur in wenigen Fällen führte der Abschluss einer Riester Rente zu bescheidenen Gewinnen für die Kunden, und zwar immer dann, wenn nur geringe eigene Beiträge eingezahlt wurden und diese dann in Relation zu den allgemeinen staatlichen Zuschüssen und Kinderzuschüssen gesehen wurden. Als die Riester-Rente eingeführt wurde, sollte das Rentenniveau von damals ca. 60% auf ca. 40% gesenkt werden. Man meinte, alle Menschen könnten Riester Rentenversicherungen abschließen und bei dem damaligen Kapitalzins dann einen Ausgleich zu den Rentenkürzungen erreichen.

Dies war ein Trugschluss!

Erstens haben nicht alle betroffenen Menschen einen Riester-Vertrag abgeschlossen und zweitens hat man nicht bedacht, dass dieser privat aufgebaute Kapitalstock sich nicht so entwickelte, wie man es erwartet hatte. Durch die jetzt schon mehrere Jahre andauernde Niedrigzinspolitik der Europäischen Zentralbank sind Sparer, deren Sparguthaben, Kapital- und Rentenversicherungen nicht auf Aktienbasis abgeschlossen wurden, „partiell enteignet" worden.

Vor diesem Hintergrund, und das ist meine Botschaft, wird es in Deutschland zu einer zunehmenden Altersarmut kommen. Wenn die Politik nicht gegensteuert, ist diese Entwicklung nicht aufzuhalten. Die Politik redet zwar von relativer Vollbeschäftigung, verkennt aber, dass der Arbeitsmarkt immer mehr Niedriglohnbeschäftigte hat. Von diesen Beschäftigten werden kaum Beiträge in die Sozialversicherung und gesetzliche Rentenversicherung einbezahlt. Bei dieser Situation erreichen die Rentner nach 40 bis 45 Jahren nicht einmal das Grundsicherungsniveau. Das sind Renten auf heutiger Basis von unter € 1000,-.

Wie sollen diese Beträge hier in Deutschland ein würdiges Leben ermöglichen? Der „normale" Bürger wird in Zukunft, wenn er nicht erbt oder sonstige Vermögenswerte erhält, keine auskömmliche Altersversorgung aufbauen können. Will man dies? Hier muss die Politik gegensteuern! Die neoliberale Welt, die Großfinanz und die Großunternehmen werden sich nicht um diese Bereiche kümmern.

Reichtum versus Armut

Die Unzufriedenheit auf der ganzen Welt wächst auch dadurch, dass die Kluft zwischen Arm und Reich immer größer wird. Auf der ganzen Welt wird nichts dagegen getan: Noch nie war der Wohlstand so ungerecht verteilt. Eine Studie der Organisation Oxfam, einer Entwicklungshilfeorganisation, besagt Anfang 2017, zum Auftakt des Weltwirtschaftsforums in Davos, dass z.B. die acht reichsten Menschen der Welt (davon sechs aus den USA) gemeinsam ein ähnlich großes Vermögen besitzen wie die ärmere Hälfte der gesamten Menschheit, oder die reichsten ein Prozent der Menschheit so viel besitzen wie der Rest der Menschheit. Dies wird Folgen haben und wird langfristig auch nicht akzeptiert werden.

Da die Menschen aus allen Teilen der Welt über das Internet kommunizieren können, werden diese Dinge ja auch transparent.

Auch die OECD (Organisation for Economic Cooperation and Development, auf Deutsch: Organisation für wirtschaftliche Zusammenarbeit und Entwicklung) befasst sich mit diesem Thema und stellt fest, dass in den letzten 30 Jahren die Kluft in den sog. OECD-Staaten, bis auf zwei Ausnahmen, erheblich auseinandergedriftet ist.

Um Spannungen und weitere negative Folgen zu vermeiden, empfiehlt die OECD daher eine bedingte Umverteilung der Einkommen und Vermögen. Man kann über die Linkspartei in Deutschland denken, wie man will, in diesem Punkt decken sich ihre Forderungen mit denen der OECD.

Die Probleme des Auseinanderdriftens und der volkswirtschaftliche Schaden entstehen nicht im oberen Gehaltsbereich der Einkommensskala (auch hier zeigt sich ein Auseinanderdriften, mehr noch als im unteren Bereich, der nicht so viel Substanz aufweist), sondern im unteren, ärmsten Bereich der Einkommensskala. Arme können weniger in Bildung investieren, sind weniger mobil und fehlen daher perspektivisch als Fachkräfte. Dies führt letztlich dazu, dass das Wirtschaftswachstum sich weniger gut entwickeln kann, als wenn die Verteilungsquote gerechter wäre. Eine gerechte Umverteilung könnte über die Steuergesetze erreicht werden. Mir fallen auch keine Patentrezepte ein.

Während der Regierungszeit der CDU unter Kanzler Kohl hatten wir Spitzeneinkommensteuersätze von 53 %. Heute liegen diese Spitzensätze um mehr als zehn Prozentpunkte niedriger, und es entsteht ein großer Aufschrei, wenn die Linkspartei dieses kritisiert.

Seit ca. 30 Jahren wird der sog. Turbokapitalismus gefördert. Es herrschte die Meinung vor, dass die Vergünstigungen für die Reichen das Klima schafft, die „Armen" mit nach oben zu ziehen; auch die damalige Premierministerin Thatcher aus England dachte so. Diese Annahme hat sich bis heute nicht bestätigt.

Das Wirtschaftswachstum muss aus dem gesamten Volk kommen, dazu bedarf es Steuergesetze und Einkommensverteilungen, die dies auch möglich machen.

Dänemark und Schweden haben in den letzten 30 Jahren eine komplett andere Politik als beispielsweise England verfolgt. Der skandinavische Weg war richtig, der englische nicht.

Ich bin kein Freund der Linkspartei, vor allem wegen der sonstigen Ideologie und der vielen „Altstasis" aus DDR-Zeiten in dieser Partei, aber in diesem Punkt wäre ihr Vorschlag richtig.

Alle Politiker betonen immer wieder, dass die Kluft zwischen Arm und Reich abgebaut werden müsse. Meist sind es nur wahltaktische Aussagen und ich meine, dass diese Politiker von den Konzernen, Lobbyisten und den Finanzstrategen so beeinflusst werden, dass ein ernsthaftes Umsetzen ausbleibt.

Diese Thematik wird meiner Meinung nach immer bedeutender, und das Volk wird sich diese Politik der nicht offenen Kommunikation und des Nichthandelns nicht auf Dauer bieten lassen.

Die Spaltung nimmt schon jetzt ein bedrohliches Maß an. Wie sagte ich in meinem Vorwort: „Die Menschen verlassen die Welt in einem anderen Zustand, als sie sie vor 80 Jahren vorgefunden haben".

Ich sagte: Warum kommuniziert die Politik nicht offen und freimütig mit den Bürgern, warum gibt es in strategisch wichtigen Dingen keine Volksbefragungen? Stattdessen „treiben" die Politikeliten das Volk in die Fänge der Populisten und Menschen, die scheinbar eine einfache Lösung haben.

Die Thesen hochrangiger Ökonomen fallen oft sehr unterschiedlich aus und sind natürlich oftmals vom Auftraggeber (Sponsor) beeinflusst. Es zeichnet sich allerdings ab, dass die These, steigender Wohlstand ziehe die ärmere Schicht mit nach „oben", nicht richtig ist. Dies ist auch meine Meinung. Das umgekehrte Phänomen ist erkennbar.

So wird in dem 2009 erschienenen Buch „The Spirit Level" der beiden Wissenschaftler Richard Wilkinson und Kate Picket sinngemäß u.a. argumentiert, dass bei zunehmender Einkommensungleichheit auch die Kriminalität, Drogenkonsum und Drogenhandel zunehmen. Dies leuchtet ein und würde ich auch ohne wissenschaftliche Nachprüfung unterschreiben.

Wenn dies aber so zutrifft, warum unternehmen die Politiker nichts dagegen?

Erklärt werden kann es nur damit, dass das politische Personal im Wesentlichen aus Beamten und Gewerkschaftlern besteht, und diese Personengruppen oft nie außerhalb des öffentlichen Dienstes gearbeitet haben und zudem noch von Lobbyisten und der Großfinanz beeinflusst werden.

So ist z.B. die abgewählte SPD Parteivorsitzende eine reine Berufspolitikerin. Weiß Frau N., welche Sorgen unmittelbar an der „Arbeitsfront" bestehen? Dieser Personenkreis muss sich nie Gedanken über ihre eigene Altersvorsorge machen.

Solange dies so ist, wird sich vermutlich am beschriebenen Phänomen der Ungleichheit in der Einkommensstruktur und der Vermögensstruktur erst dann etwas ändern, wenn das Volk sich weiter von den etablierten Parteien abwendet.

Ich finde diese Entwicklung schade und hoffe, dass es zu echten Veränderungen in der Einkommens- und Vermögensstruktur kommt.

Bevölkerungswachstum

Heute leben ca. 7,5 Milliarden Menschen auf unserer Erde. Die Vereinten Nationen erwarten für das Jahr 2050 ca. 9,5 Milliarden Menschen. Im Jahr 2100 sollen nach Prognosen 11 Milliarden Menschen auf der Erde leben.

So ein rasantes Bevölkerungswachstum hat es auf unserem Planeten noch nie gegeben. Bis zum Jahr 1800 n. Chr. gab es weniger als eine Milliarde Menschen auf der Erde.

Ich will bei diesem Thema nicht bis in die Anfänge des menschlichen Lebens zurückblicken und auch nicht die Entwicklungslinien der menschlichen Evolution - vom Neandertaler bis zum Homo Sapiens, von dem wir alle abstammen - betrachten. Zu diesem Thema gibt es genügend Literatur.

Die Vermutung liegt nahe, dass Menschen früherer Zeiten wegen fehlender Medizin früh verstorben sind und sich weniger vor Naturkatastrophen (schwere Überflutungen, Erdbeben, Vulkanausbrüche, Seuchen und Krankheiten) schützen konnten.

Man glaubt, dass bis zum Ende der letzten Eiszeit vor ca. 10.000 Jahren nur ca. 5 bis 10 Millionen Menschen auf der Erde gelebt haben.

Vor 1000 Jahren soll die Weltbevölkerung dann 250 bis 350 Millionen Menschen betragen haben. Diese Bevölkerungszahl soll lange Bestand gehabt haben, bis sie dann ab 1000 n. Chr. weiter anstieg. Im späten Mittelalter sank die Bevölkerungszahl dann durch Pest, Pocken und andere Seuchen. Gegenmittel, die heute selbstverständlich sind, gab es damals noch nicht.

Ich erzähle dies deshalb, weil Wissenschaftler sagen, dass es schon seit ca. 3 Millionen Jahren menschliches Leben gegeben habe und der Mensch immer im Einklang mit den Ressourcen dieser Erde gelebt habe. Es gab keine von Menschen gemachten Umweltsünden. Der Mensch war gar nicht in der Lage, auch nur ansatzweise die Erde - wie es heute teilweise geschieht - zu zerstören.

Zu einer explosionsartigen Entwicklung menschlichen Lebens ist es erst in der Neuzeit gekommen. Viele Menschen stellen sich die Frage: Wieviel Menschen haben Platz auf dieser Erde? Ich kann es nicht beantworten.

Mit der heutigen Ernährung, Medizin und Hygiene ist es gelungen, dass Menschen immer älter werden und nicht mehr Seuchen von großem Ausmaß zum Opfer fallen.

Im 16. Jahrhundert, als die Portugiesen und Spanier Mittelamerika erreichten, wurden Krankheiten eingeschleppt, wogegen wir Mitteleuropäer resistent waren (z.B. Schnupfen). Die Stämme der Indios und Indianer hatten keine genetisch aufgebauten Abwehrkräfte und starben an für uns nicht bedrohlichen Krankheiten. Es wird berichtet, dass sich die Zahl der Indianer durch eingeschleppte Seuchen von 50 Millionen auf fünf Millionen reduzierte.

Heute wächst - unterschiedlich stark in den einzelnen Erdregionen - die Menschheit unaufhaltsam. Man lebt zwar heute in einer sogenannten Wohlstandsgesellschaft, aber bei kritischer Betrachtung und wenn man auch weiß, welche Umweltsünden begangen werden, um z.B. Fleisch für die Menschheit zu produzieren, kann man Angst bekommen, wenn man sich die Frage stellt, wieviel Menschen die Erde verträgt oder versorgen kann.

Wo sollen möglicherweise perspektivisch 20 Milliarden Menschen leben? Wo bleibt dann die Natur? Wie sieht dann das Meer aus? Wo bleibt die Tierwelt? Ich weiß keine Antwort auf diese Fragen.

Es sollte Wege geben, um die Menschheit langsamer wachsen zu lassen.

Risiken des Lebens

Wenn man davon ausgeht, dass alles endlich ist, dann ist es nicht nur unser Leben, sondern auch unsere Welt, in der wir leben, und unser Planet Erde und unser Sonnensystem. Dies ist unstrittig und kann mithilfe modernster Physik und Messdaten auch definitiv belegt werden. Ich nenne später noch einige Beispiele.

Wie unser Kosmos im Detail entstanden ist, darüber streiten sich die Astrophysiker. Diese Wissenschaftler sind heute in der Lage, unendlich komplizierte Modellrechnungen zum Universum und zur Gravitation aufzustellen. Ich selbst habe hierzu einige Bücher gelesen, muss allerdings gestehen, dass ich die Zusammenhänge nur grob verstanden habe.

Was mich bei all diesen wissenschaftlichen Aussagen zur Entstehung des Universums und zu den Gravitationsmodellen bis hin zu den sog. schwarzen Löchern beruhigt, ist, dass alle seriösen Wissenschaftler Theorien aufstellen und versuchen, ihre Modellrechnungen mit Zahlen und Daten zu untermauern. In all diesen Berechnungen steckt sicherlich physikalische Logik. Wenn die Grundannahmen allerdings nicht richtig sind, fallen diese Theorien meist in sich zusammen. Dies sagen seriöse Wissenschaftler auch selbst.

Aber die meisten Dinge sind heute nicht mehr strittig; man kann heute sehr genau Entfernungen messen und weiß, dass sich z.B. der Mond im Laufe von Milliarden von Jahren so weit von der Erde entfernen könnte, dass seine Schwerkraft nicht mehr ausreicht, um die Erde in einer stabilen Achse zu halten, wie es seit Milliarden von Jahren der Fall ist. Die Schrägachse und die Erdbewegung bewirken die Jahreszeiten. Wenn die Erde nicht vom Mond in ihrer Position gehalten würde, würde sie trudeln, und Leben wäre auf der Erde nicht möglich.

Gleiches gilt für die Wechselwirkung zwischen Erde und Sonne. Wenn die Sonne sich in Milliarden von Jahren „verbraucht" haben wird, d.h. wenn der Wasserstoffvorrat der Sonne, der der Brennstoff für die aktuelle Kernfusion in der Sonne ist, die für Licht und Energie sorgt, verbraucht sein wird, hört jegliches Leben auf.

Wenn diese chemisch-physikalischen Prozesse auf der Sonne nicht mehr so stattfinden, wie sie schon seit Milliarden von Jahren funktionieren, und zusätzlich Gravitationskräfte unser gesamtes Sonnensystem verändern, dann ist eben Leben auf der Erde nicht mehr möglich.

Dies sind alles Einflussfaktoren die heute schon von Wissenschaftlern berechnet werden können, sie haben aber auf unser Leben gegenwärtig keinen Einfluss, weil dies Zeitströme sind, die über meine menschliche Vorstellungskraft hinausgehen.

Dass Meteoriten aus dem Weltraum auf uns zufliegen können, ist allerdings realistisch und hat es in jüngster Zeit auch gegeben. Man glaubt, dass es in früheren Zeiten größere Einschläge gegeben habe, z.B. im Golf von Mexiko, und man vermutet auch, dass durch die aufgewirbelten Staub- und Steinschichten so viel Sonnenlicht abgehalten wurde, dass viele Tierarten, wie z.B. die Dinosaurier, dadurch ausgestorben sind. Wissenschaftlich bewiesen ist dies meines Wissens aber nicht.

In jüngster Zeit ist in Russland ein Meteorit aus dem All abgestürzt. Auch dieser wesentlich kleinere Einschlag mit einem großen Feuerball hat rund um die Einschlagstelle großen Schaden verursacht.

Da immer wieder große Einschläge auf der Erde möglich sein können, versucht man heute, den Sternenhimmel immer besser zu vermessen und versucht Erkenntnisse zu gewinnen, wo größere Himmelskörper fliegen und welche Bahnen diese ziehen und ob sie gegebenenfalls auch mit der Erde kollidieren könnten.

Man versucht hier Vorhersagen zu treffen, um dann eventuell diese Meteoriten mithilfe der Raumfahrttechnik (Beschuss der Meteoriten) zu zerstören oder sie auf eine andere Bahn zu lenken. Da sich die Raumfahrttechnik immer weiter entwickelt, könnte ich mir vorstellen, dass hier auch Erfolge erzielt werden können.

Abschließend möchte ich sagen, dass eine Zerstörung der Erde aus dem All möglich ist, aber sich hoffentlich nicht ereignet. Diesen Punkt der möglichen Erdzerstörung kann die Menschheit jedenfalls nicht beeinflussen.

Auch hat es in der Vergangenheit gigantische Vulkanausbrüche gegeben. Man versucht, dieses Risiko mit verschiedenen Messtechniken vorherzusagen. Bedingt ist dies auch schon geglückt. Die großen Kontinentalplatten sind ständig in Bewegung und verkeilen sich zum Teil. Dadurch entstehen Spannungen und Verwerfungen. Auch dieses Phänomen ist durch die Menschheit nicht beeinflussbar.

Die Wahrscheinlichkeit, dass der Mensch die Erde zerstört, ist nach meiner Einschätzung viel höher, als von einem Meteorit getroffen zu werden.

Der Mensch ist das einzige Lebewesen, das sich durch vielfache Möglichkeiten selbst zerstören kann. Kein anderes Lebewesen kann dies und macht es auch nicht.

Der Waldraubbau und der Meeresraubbau sind schon heute höchst dramatisch, und bei stetig steigender Weltbevölkerung wären rein rechnerisch bis 2030 zwei Erden notwendig, um für die dann lebenden Menschen Nahrung, Wasser und Energie bereitzuhalten.

Ich verstehe nicht, warum die Verantwortlichen hier nicht gegensteuern. Unabhängig davon ist natürlich jeder Einzelne dazu aufgerufen, mit den Ressourcen richtig umzugehen. Auch in unserem Haushalt sind wir keine Vorbilder. Zum Beispiel wird oft der Warmwasserhahn aufgedreht, wenn man sich nur kurz die Hände waschen möchte. Bis das Wasser dann warm wird, sind die Hände meist schon gewaschen. Das warme Wasser hat also nur die Rohre erwärmt und erkaltet dann wieder.

So gibt es sehr viele Beispiele, wie in unserer „Noch-Wohlstandsgesellschaft" Energie und Ressourcen unnütz verbraucht werden.

Die Politik müsste dieser Entwicklung mit aller Geschlossenheit entgegenwirken. In unseren Breitengraden leben wir immer noch in relativem Wohlstand. Deshalb haben wir vermutlich kein Gespür für solche Probleme.

Die Regierungsverantwortlichen, die dies beeinflussen könnten, unternehmen nur wenig oder verschleißen sich an den Lobbyisten der Finanzwelt und großer überregionaler Konzerne, die mit ihren Monopolen die ganze Erde ausbeuten. Noch können sich diese Leute auf ihren Inseln des Wohlstands ausruhen, aber auch das wird eines Tages ein Ende haben, wenn das Volk überall weiter ausblutet und die „Führer" kommen, um die unzufriedenen Massen für sich zu vereinnahmen.

Wenn es uns nicht gelingt, den Klimawandel zu bremsen, werden Milliarden von Menschen in Klimazonen strömen, wo ein erträgliches Leben noch möglich ist. Europa würde dann nicht von Millionen von Flüchtlingen heimgesucht, nein, es könnten dann hundert Millionen von Menschen sein.

Dies wird meines Erachtens ignoriert; hier sehe ich für die Zukunft einen riesigen Verdrängungskampf, der die gesamte Menschheit in Mitleidenschaft ziehen wird.

Wenn die Einsicht der einzelnen Menschen in Europa und in den westlichen Industriestaaten fehlt, kann man auch heute schon durch Steuerungsmechanismen das Verhalten der Menschen beeinflussen.

Hier ein weiteres Beispiel: Obgleich in einigen deutschen Städten die Feinstaubbelastung schon weit über dem Zulässigen liegt und nachweisbar Leute daran erkranken und sterben, wird nur halbherzig oder gar nicht reagiert.

Die Öl- und Auto-Lobby ist so stark, dass man nach wie vor am liebsten an den Produkten festhalten möchte, die man kennt und die viel Profit abwerfen.

Ich bin davon überzeugt, dass man in ganz naher Zukunft praktisch kein Öl mehr brauchen wird.

Die Menschheit und die Industrienationen haben die Techniken, um Wind, Wasser und Thermoenergie in Strom umzuwandeln. Und diese Energien sind in unendlichem Maße vorhanden. Stattdessen buddelt man in der Erde, holt Öl an die Oberfläche und baut Braunkohle ab, die ohnehin endlich ist.

All dies gibt es nennenswert erst seit ca. 200 Jahren und wird es maximal evtl. noch 200 Jahre geben. Und dann?

Man könnte heute schon auf all diese Energien verzichten, wären da nicht die Leute, die die Politiker beeinflussen und für ihre Unternehmen maximale Profite generieren, ohne Rücksicht auf die Umwelt. Die Rechnung ist für diese Leute auch einfach, der Profit geht in die eigene Tasche und die Umweltschäden zahlt die Allgemeinheit, also der Steuerzahler.

Dies alles darf so nicht weitergehen!

Während mögliche kosmische Bedrohungen nicht von Menschen beeinflusst werden können, gehen die eben genannten Einflüsse und Gefahren und alle nachfolgend genannten Gefahren einzig und allein auf das Konto des Menschen.

Ein unmittelbar bedrohendes Risiko für die Menschheit ist die Atomkraft. Beide Bereiche, die zivil genutzte und die militärisch genutzte Atomkraft, bergen Risiken, die der Mensch im Katastrophenfall nicht beherrschen kann. Auch die Entsorgung des Atommülls ist meines Erachtens nicht beherrschbar.

Der Atomabfall strahlt in unterschiedlicher Intensität meist über mehrere 1000 Jahre in die Zukunft. Und die Energiekonzerne, die mit der Atomkraft viel Geld verdient haben und immer noch verdienen, behaupten, dass das alles beherrschbar sei. Sie behaupten es, weil das die Geschäftsgrundlage ihrer mächtigen Konzerne ist. In der Vergangenheit ist teilweise grob fahrlässig Atommüll in Salzstöcken unter der Erde vergraben worden, in der Hoffnung, es werde gut gehen. In einem Fall - in der Asse in Niedersachsen - haben sich in diesen Salzstöcken jetzt Wasseradern gebildet. Man versucht jetzt, diesen Salzstock mit Milliardenbeträgen zu sanieren, was wohl über das Jahr 2030 hinaus dauern wird.

Seit Jahrzehnten redet man schon von sogenannten Endlagerstätten. Politik und Umweltverbände streiten sich naturgemäß über die Einrichtung so eines Endlagers. In welcher Region soll so eine „Zeitbombe" eingerichtet werden. Dabei geht es um Sicherheitslagerungen von mehreren 1000 Jahren.

Mein laienhafter Verstand in dieser Beziehung sagt mir, dass dies nur Unsinn sein kann. Wer kann mehrere 1000 Jahre in die Zukunft schauen und planen, was dann ist. Die Erdkruste kann sich verschieben und alles zunichtemachen. Aber man handelt meines Erachtens nicht verantwortungsvoll und vertraut darauf, dass die nachfolgenden Generationen eine Lösung finden werden. Meine unmaßgebliche Meinung ist die, dass es unverantwortlich für nachfolgende Generationen ist, diesen Atommüll zu vergraben.

Stattdessen sollten die Atomkraftwerke und Konzerne ihren Müll auf eigenem Gelände lagern und so gut gegen Strahlen und Beschädigung sichern, dass die Dinge in überschaubaren Zeitabständen von 50 oder 100 Jahren immer wieder neu überdacht werden können. Evtl. gibt es später Möglichkeiten der Entsorgung, die man heute noch nicht kennt. Ansonsten muss dieser Müll immer wieder neu betrachtet und sicher gelagert werden. Dies scheint mir als Nichtfachmann eine plausible Lösung zu sein. Sie ist meines Erachtens besser als alles, was heute geplant wird.

Auch hier muss festgestellt werden, dass der Mensch sich selbst gefährdet. Die Atomkraft in dieser Form gab es vor 100 Jahren noch nicht.

Bis vor 100/200 Jahren war alles so, dass während eines Menschenlebens keine oder nur unwesentliche Veränderungen eingetreten sind. Dies war so, seit es Menschen gibt.

Wohin soll diese Entwicklung die Menschheit jetzt führen?

Mit der Atomkraft wäre der Mensch heute ohne Vorwarnung in der Lage, jegliches Leben auf der Erde auszulöschen.

Die Technik ist heute so fortgeschritten, dass sie meiner Meinung nach in letzter Konsequenz nicht immer beherrschbar ist. Ein Ausrutscher oder bewusstes Tun machthungriger Menschen kann schon zur Katastrophe führen.

Ein weiterer, aus meiner Sicht unkontrollierbarer Bereich ist der Bereich der Teilchenbeschleuniger. Hier gibt es sehr interessante wissenschaftliche Untersuchungen, von denen ich allerdings nur so viel verstehe, dass diese Experimente gefährlich sein können.

Der kürzlich in Genf in Betrieb genommene Teilchenbeschleuniger ist ein riesengroßes technisches Gerät, das sog. Mikroschwarze Löcher erzeugen kann. Diese Wissenschaft befasst sich mit Gravitationserkenntnissen. Mit diesem Gerät kann man eine gigantische Anziehungskraft erzeugen, die möglicherweise irgendwann nicht mehr beherrschbar ist und infolgedessen die Erde zerstören kann.

Nach übereinstimmender Meinung von Physikern sollen diese sogenannten Schwarzen Löcher keine Gefahr für die Erde darstellen. Aber allein die Tatsache, dass man dieses Phänomen als ungefährlich darstellt, macht mich stutzig. Atomwissenschaftler sagen auch, dass die Atomenergie nicht gefährlich und sehr wohl beherrschbar sei.

Diese Gefahr wird also eindeutig von Menschen hervorgerufen.

Eine weitere Gefahr für die Menschheit könnte auch ein sogenannter Supervirus sein, das sich durch Mutation verändert oder von Wissenschaftlern verändert wird. Diese Viren, mit denen man heute in Laboren experimentiert, unterliegen strengen Sicherheitsbestimmungen. Aber immer dann, wenn Menschen ihre Hand im Spiel haben, kann auch etwas passieren, vor allem dann, wenn diese Dinge in falsche Hände geraten. Wenn Viren unkontrolliert in die Luft geraten, kann dies tödliche Konsequenzen haben. Nicht alle Viren sind durch Gegenmittel (Impfungen) bekämpfbar.

In vielen Bereichen ist es auch bei bekannten Viren schwierig, Gegenmittel zu finden, weil Viren schnell resistent werden und sich dann nur sehr schwer bekämpfen lassen. Wenn bei unbekannten Viren die Gegenmittel fehlen, kann es zu Katastrophen kommen. Allerdings schafften es auch die Seuchen im Mittelalter nicht, die Menschheit komplett zu vernichten.

Als ich mit der Buchvorbereitung begann, ahnte ich noch nicht, das dieses von mir beschriebene Phänomen einige Monate später fast Realität geworden ist. Wenn ich sage „fast", dann meine ich die nicht so aggressive Ausprägung dieses Virus.

Wir haben z.Z. eine Pandemie auf der Welt. Die einzelnen Länder werden unterschiedlich gut damit fertig. Für das jetzt umgreifenden Coronavirus (COVID-19) gibt es keinen Impfstoff. Die Forscher auf der ganzen Welt arbeiten daran.

Per Mitte Mai 2020 gibt es 4,66 Millionen bestätigte Infektionen und 312.000 Todesfälle.

Wie stark die Weltwirtschaft davon betroffen ist, lässt sich im Moment noch nicht einschätzen.

Fakt ist, dass die technischen, biologischen und chemischen Entwicklungen immer schneller voranschreiten. Früher passierte in einem Zeitraum von 10.000 Jahren fast nichts Neues. In den letzten knapp 100 Jahren dagegen hat es eine gigantische Entwicklung gegeben, die sich in den letzten 20 Jahren noch weiter beschleunigte.

Wissenschaftler versuchen die Intelligenz des Menschen zu manipulieren. Heute gibt es Maschinen, die so programmiert sind, dass sie aufgrund von Billionen von Rechenschritten in kürzester Zeit Dinge erledigen können, die der normale Mensch nicht kann. Man spricht von künstlicher Intelligenz.

Auch diese Entwicklung birgt Gefahren, die irgendwann möglicherweise von Menschen nicht mehr steuerbar sind. Wenn der Mensch also in der Lage ist, seine eigene Spezies zu zerstören, bewusst oder unbewusst, darf auch die Frage gestattet sein, ob der Mensch nicht eine Fehlentwicklung der Evolution ist und irgendwann von dieser Erde wieder verschwinden wird oder muss.

Die Erde und der Kosmos brauchen den Menschen nicht. Wir brauchen aber eine funktionierende Erde, um leben zu können.

Ein letzter Punkt, der mir zunehmend Sorgen bereitet ist der, dass wir auf der Erde immer mehr nationalkonservative Strömungen feststellen können.

In den 60iger, 70iger und 80ziger Jahre ging im sogenannten Kalten Krieg eine große Gefahr von der Sowjetunion und Amerika aus.

Nachdem die Sowjetunion Ende der 80iger Jahre zerfiel und Russland - immer noch das größte Land der Erde - übrig blieb, trat auf der Erde eine gewisse „politische Ruhe" ein. Auch die Chinesen waren zu der Zeit wirtschaftlich noch nicht so erstarkt wie heute.

Der Westen hat es den Russen nicht leicht gemacht, diesen Umbruch psychologisch zu verkraften. Das Selbstwertgefühl der russischen Bevölkerung und der russischen Politik wurde in Mitleidenschaft gezogen. Der amerikanische Präsident Obama bezeichnete Russland mal als Regionalmacht. Diese Aussage war mit Sicherheit falsch und konnte Russland nur provozieren. Auch wurde Russland weiter dadurch provoziert, dass zum Beispiel die baltischen Staaten und Polen, die zur Zeit des Kalten Krieges zur Sowjetunion gehörten, auf Antrag dieser Staaten, nun Mitglied in der Nato wurden.

Hierdurch entstand ein neues Ungleichgewicht. Die Russen und ihr Präsident Putin fühlen sich provoziert und provozierten den Westen wiederum mit militärischen Aktionen, Weiterentwicklungen von Raketen und Gebietsannexionen wie z.B. die Krim (bisher ukrainisches Gebiet). Details kann man besser den Geschichtsbüchern entnehmen. Da wir z. Z. seit über 70 Jahren - wir danken dafür - keine großpolitischen kriegerischen Auseinandersetzungen mehr hatten, kennen u.a. auch keiner der politischen Führer im Westen und im Osten (Russland, China, Amerika und Europa) persönlich, wie grausam und menschenunwürdig diese kriegerischen Ereignisse waren.

Wenn man in jüngster Zeit das Machtgehabe und die aggressive Rhetorik einzelner Politiker aus West und Ost hört, kann man Angst bekommen. Diese Leute sind heute natürlich noch viel eher in der Lage, die gesamte Menschheit zu zerstören, weil die Technik und die riesigen Atomarsenale dies - im Gegensatz zur Zeit des Zweiten Weltkrieges - zulassen.

Bei mir verfestigt sich der Eindruck, dass trotz der Fortschritte in Europa das nationalstaatliche Denken immer weiter zunimmt.

Nationalstaatliches Denken ist falsch!

Im vorletzten Jahrhundert haben sich beispielsweise auf deutschem Territorium noch die Regional- und Landesfürsten bekriegt. Im letzten Jahrhundert war in ganz Europa Krieg. Man sollte daraus lernen.

Natürlich sollen die Europäer ihre landsmannschaftlichen Eigenarten und Traditionen behalten, dieses geschieht regional in den einzelnen Ländern ja auch, man sollte doch aber dort, wo es Gemeinsamkeiten gibt, auch gemeinsam agieren.

Ganz aktuell gibt es immer mehr Bestrebungen in Europa, länderintern autonom zu agieren, z.B. die lang hinziehenden Verhandlungen über den Brexit in England oder das Nationaldenken der PIS-Partei in Polen oder das Verhalten der Partei „LEGA" in Italien und nicht zuletzt auch das Verhalten der AfD in Deutschland.

Die meisten hier genannten europäischen Länder profitieren vom europäischen Länderausgleich. Dennoch wollen sie autark sein und vergessen die unrühmliche kriegerische Geschichte in Europa.

Ich vermute, dass dieses Verhalten eben auch mit der relativ langen kriegsfreien Zeit in Europa zu tun hat. In den 60er und 70er Jahren hatten die Menschen - den Krieg vielfach noch in Erinnerung - mehr Respekt vor der Tatsache, dass Frieden eben das höchste Gut der Menschen ist.

Man hat gelegentlich den Eindruck, dass dies von Politikern heute oft anders gesehen wird oder die falsche Entwicklung ignoriert wird.

Mein Traum ist, eine Welt ohne Grenzen und ohne Religion, wo jeder in seinen angestammten Gebieten und Kulturen leben kann. Trotz all dieser Gedanken bin ich dennoch ein positiv denkender Mensch und freue mich mit meiner Familie, dass es uns gut geht. Hoffentlich noch sehr lange.

Wie gut, dass wir nicht in die Zukunft schauen können!

Religion

Vorweg gesagt, und das ist auch eine Lebensweisheit von mir, über Religion und über Politik sollte man sich nie streiten, es endet immer verletzend und keine Partei wird ihren Standpunkt durchsetzen können. Dies ist sehr wichtig und ich empfehle dem Betrachter, sich daran zu orientieren. Alle Aussagen, die ich hier mache, sind keine Empfehlungen für die Allgemeinheit, weil jeder Mensch, gerade in religiösen Dingen, nach seiner Fasson leben sollte.

Wir respektieren uns in der Familie so, wie wir sind. Meine Frau ist seit ihrer Geburt römisch-katholisch; ich war seit meiner Geburt bis in die 1970er Jahre evangelisch. Dann trat ich aus der Kirche aus, weil mich einige Dinge störten, vornehmlich, so will ich gern zugeben, war es die automatische Einbehaltung der Kirchensteuer vom deutschen Staat für die Kirche. Neuerdings, seit ca. 10 Jahren, werde ich wieder zwangsweise mit Kirchenabgaben belastet, jetzt heißt es Kirchgeld und wird wiederum verdienstabhängig vom Finanzamt direkt an die Kirche abgeführt. Es gibt keine Möglichkeit, sich hiergegen zu wehren. Es ist einfach so. Immer dann, wenn ein Ehepartner einer Kirche angehört, muss diese Abgabe entrichtet werden. Mir ist auf der ganzen Welt nicht bekannt, dass ein Staat für die Kirche diese Dienstleistung ausführt.

Auch wenn es in jeder gut geführten Ehe mal Meinungsverschiedenheiten gibt und auch immer wieder geben wird, so war Religion nie ein Thema, das in der Familie zu Unstimmigkeiten geführt hat. So soll es auch bleiben.

Da ich ein praktisch und rational denkender Mensch bin, und ich die Aussagen zur Religion schon in der Schulzeit und während des Konfirmandenunterrichts nicht ernst genommen habe, war mein späterer Entschluss, auszutreten, konsequent und richtig.

Man muss zum Thema Religion auch einfach zur Kenntnis nehmen, dass die Ausrichtung der Religion, ob nun christlich, muslimisch, buddhistisch, jüdisch usw., in erster Linie von der geographischen Region auf dieser Erde und von den Vorfahren geprägt ist:

Ein Kind kann sich - wenn überhaupt - erst später seine Religionszugehörigkeit aussuchen; sie wird durch das Elternhaus vorgegeben.

In früheren Zeiten bestimmten die Fürsten und Landesherrn die Religion. Jeder Landesherr konnte innerhalb seiner Grenzen die Religion für das Volk bestimmen. So ist auch zu erklären, dass in Deutschland, je nach Landstrich, die evangelische oder die katholische Religion dominiert.

Und so haben sich Religionen bis in die Neuzeit gehalten. Erst im letzten und in diesem Jahrhundert haben sich die Religionen - wegen der Mobilität der Bevölkerung - ein wenig vermischt.

Von den jeweiligen Kirchenvertretern (Pastoren) wurde verstärkt in den Predigten darauf geachtet, dass die jeweils vertretene Religionsrichtung immer die richtige ist. Teilweise wurde, wenn man von der vorherrschenden Lehrmeinung abwich, Angst und Schrecken verbreitet. Statt Toleranz und Mitgefühl zu zeigen, wurden gerade den älteren und bildungsferneren Personengruppen Schuldgefühle eingeredet, wenn sie sich nicht den vermeintlich christlichen Vorgaben der Pastoren unterordneten.

Bis in die 1960er und 70er Jahre waren Katholiken oder Protestanten, jeweils aus der Sicht der anderen, Menschen, denen man scheinbar nicht trauen konnte. Aus eigener Anschauung weiß ich, dass es so war.

Als ich meine Frau heiraten wollte, sprach man im Rheinland in Kirchenkreisen von einer „Mischehe". Ich habe dies anfänglich gar nicht verstanden und konnte diese Ausdrucksweise nicht zuordnen, weil ich glaubte, unter Mischehe verstehe man die Heirat eines Farbigen mit einer Weißen oder umgekehrt. (Übrigens durfte man damals im allgemeinen Sprachgebrauch für einen Farbigen noch „Neger" sagen. Dieser Begriff war nicht negativ besetzt. Das gleiche galt für Zigeuner. Heute ist das anders.)

Wenn in der heutigen Zeit einige Menschen ihre Religion über Gebühr ernst nehmen, so ist dies ihr gutes Recht und ich habe auch nichts dagegen, solange diese Menschen mich und meine Familie mit ihren Vorstellungen nicht behelligen.

Ich frage mich nur, was stark religiöse Menschen so sicher macht, dass nun gerade ihr Glaube der allein seeligmachende sei.

Diese Menschen wissen doch, dass ihre Religion nur ein Teil der gesamten Religiosität dieser Welt ausmacht. Wer hat dann auf der Welt mit seiner Anschauung Recht?

Der größte Anteil unter den Religionen auf der Erde ist zwar jetzt noch der christliche Glaube (alle christlichen Religionen zusammen genommen). An zweiter Stelle kommt aber schon der Islam. (In Deutschland dominiert der katholische Glaube mit geringem Abstand vor dem evangelischem.

Mehr als 26 Millionen Menschen in Deutschland sind aber nicht christlich, und das ist die Mehrheit).

Nur weil man in einer bestimmten geographischen Region auf die Welt gekommen ist, soll dies für die meist fanatischen Gläubigen die richtige Religion sein?

Diese Logik schließt sich doch von selbst aus, wenn Araber in Saudi-Arabien z.b. das Christentum verteufeln und Christen als Ungläubige behandeln.

Eigentlich müssen doch auch die religiös geprägten Menschen wissen, dass alle Religionen letztendlich von Menschen gemachte Verhaltensrichtungen und Wunschdenken sind.

Ich kann es mir gar nicht vorstellen, wie man die darwinsche Evolutionstheorie, die weitgehend erforscht und physikalisch-chemisch bewiesen ist, bei der Beurteilung des Lebens außer Acht lassen kann.

Es ist doch bewiesen, dass sich Leben ganz allgemein immer weiter entwickelt und von diesem Planeten auch wieder verschwinden wird.

Wenn man unsere Erde sieht und die Gravitationskräfte unseres Sonnensystems kennt, - dies ist zwischenzeitlich alles unumstößlich wissenschaftlich bewiesen und vermessen - dann weiß man, dass unser Sonnensystem nur weniger als ein Sandkorn im Getriebe des Ganzen ist. Übrigens, dieses Ganze und die Entstehung dieses Ganzen sind nach meiner Kenntnis noch nicht letztlich erforscht. Es gibt viele Theorien, Vorstellungen und Annahmen vom sog. Urknall. Hier gibt es für Wissenschaftler noch viel zu tun.

Was allerdings völlig unstrittig ist, ist die Feststellung, dass unser Sonnensystem vor vielen Milliarden Jahren entstanden ist.

Diese Konstellation im Weltraum mit ihren Gravitationskräften verhält sich so optimal, dass Leben auf der Erde entstehen konnte. Genau weiß man nicht, wie Leben entstehen konnte. Man vermutet, dass das erste Leben aus chemischen Prozessen auf der Basis von Aminosäuren entstanden ist. (Dies ist aber ein separates Thema und lässt sich in wissenschaftlichen Abhandlungen weiter verfolgen.) Ernstzunehmende Wissenschaftler sagen auch, dass es nach den Gesetzen der Wahrscheinlichkeit weiteres Leben im All geben muss.

Wie gesagt, die Konstellation Sonne, Erde und Mond ermöglicht Leben auf der Erde.

Die Stellung der Sonne zur Erde sorgt z.B. bei uns für Temperaturen, um auf der Erde leben zu können. Die Anziehungskraft zwischen Erde und Mond sorgt dafür, dass die Erde in ihrer jetzigen Achse und Ausrichtung stabil bleibt. Wäre der Mond nicht da, würde die Erde taumeln; es gäbe keine Jahreszeiten und Leben wäre nicht denkbar.

All diese Phänomene haben aber nichts mit Religion zu tun; es geht hier um rein astrophysikalische Fakten.

Aus meiner Sicht kann die Entstehung der Menschheit nicht mit einem Glauben begründet werden.

Ich spreche zwar auch gern von Schöpfung, meine dann aber die Kräfte und die Parameter, die Einfluss auf die Evolution hatten.

Es ist schon toll, wie wir uns aus einem Einzeller zum Menschen entwickelt haben.

Der Mensch auf dieser Erde maßt sich im Moment an, die Schöpfung religiös zu untermauern.

Ich sagte schon, die Religionen wurden ausschließlich von Menschen erdacht, meist aus egoistischen Motiven und um eine Vormachtstellung zu erringen.

Wie können sonst Religionskriege und fundamentalistisch religiöse Interpretationen und Praktiken bis hin zu Terroranschlägen mit pseudoreligiöser Begründung verübt werden?

Z.B. war die römisch-katholische Kirche für die Inquisition verantwortlich. Im Namen der christlichen Kirchen wurden Verbrechen begangen: Die Kreuzzüge und die Hexenverbrennungen. Auch Gräueltaten wie die Tötung zahlreicher Indios gehören zu den unrühmlichen Fakten des Christentums. In der Neuzeit hat sich die Kirche während des Nationalsozialismus` auch nicht „mit Ruhm bekleckert". Auch Missbrauchsfälle in Internaten sprechen gegen ein Festhalten an Religion. Ein weiteres Beispiel ist die Geldverschwendung und der Skandal um den „Protz-Bischof" Tebartz-van Elst im Bistum Limburg.

Übrigens: Jeder Bürger muss sein Vermögen steuerlich offenbaren, die katholische Kirche nicht. Keiner weiß, wie vermögend die Kirche ist. Und dies vor dem Hintergrund wöchentlicher Kollekten und der großen Armut auf der Welt.

Ich wundere mich auch, dass der Mensch aus religiöser Sicht in der Weise mystifiziert wird, dass man den Menschen an die Spitze der Evolution stellt.

Der Mensch hat zwar Fähigkeiten, die Tiere nicht haben, aber muss der Mensch deshalb eine „Seele" haben und nach dem Tod wiederauferstehen, wie dies in religiösen Kreisen geglaubt wird.

Ich weiß es nicht, aber aufgrund des Vorhergesagten möchte ich diese These für mich komplett ausschließen. Das biologische Leben eines Menschen ist genauso endlich wie das Leben im Tierreich. Das größere Gehirn, das dem Menschen im Laufe der Evolution zugefallen ist, rechtfertigt meines Erachtens nicht seine Vormachtstellung auf dieser Erde.

Der Mensch ist den Tieren zwar in manchem überlegen, aber andere Lebewesen haben Fähigkeiten, die der Mensch nicht hat.

Tiere können teilweise im Wasser und an Land leben. Tiere können fliegen. Tiere sind in der Lage, über tausende von Kilometern richtig ohne Instrumente zu navigieren und punktgenau nach z.T. vielen Jahren wieder am selben Punkt anzukommen.

Die Frage muss gestellt werden, welche Phänomene auf dieser Welt bemerkenswerter sind.

Mein abschließendes Kredo ist: Jeder sollte nach seiner Fasson glücklich und zufrieden sein dürfen. Manchem mag die Religion hierbei helfen. Viele Menschen finden Halt in ihrem religiösen Glauben.

Schlussbetrachtung

Das größte Ereignis - neben der Geburt unserer Kinder - waren für uns die Geburten unserer Enkelkinder. Und danach, wie sie sich entwickelt haben.

Im Laufe des Älterwerdens betrachten Menschen das Leben und die Entwicklung der Zukunft z.T. mit kritischem Blick. So ging es auch mir. Das hängt vermutlich mit der Lebenserfahrung zusammen und hat mit den Dingen zu tun, die man erlebt und für nicht gerecht oder falsch empfunden hat. Als Einzelner hat man kaum oder nur indirekt durch Wahlen Einfluss auf die Politik.

Ich will den Buchlesern mit meinen Thesen nicht irritieren oder sogar bevormunden, sondern nur beispielhaft darstellen, worüber Menschen auch nachdenken könnten und sollten.

Zu Beginn des 20. Jahrhunderts, mit Beginn des Ersten Weltkrieges, teilte sich die Welt in zwei Lager auf: die von der Sowjetunion bestimmte Welt im Ostblock und das kommunistische China und die von den Amerikanern dominierte Welt im Westen.

Bleiben wir mal in dem System, in dem wir leben. Wir leben in einer sogenannten Demokratie; dies ist, oberflächlich betrachtet, wirklich nicht das schlechteste System, es hat aber, betrachtet man es im Laufe des Älterwerdens etwas kritischer, aus meiner Sicht auch erhebliche Mängel.

Die Zeit wird es zeigen. Ein abgewandeltes System, in dem wirklich das Volk und nicht die Großkonzerne und die Lobbyisten das Geschehen im Land bestimmen, wäre aus meiner Sicht besser.

Frust und Nationaldenken entsteht zunehmend in der Bevölkerung auch dadurch, dass man selbst ohnmächtig zusehen muss, wie abgehobene Politiker nicht mehr die Basis zum Volk finden und eine abgehobene „Reichenclique", die ein Prozent der Gesellschaft umfasst, die Politik an der Nase herumführt, „erpresst" und kaum Steuern zahlt.

Einige Reiche kaufen z.B. die Immobilien in den Hauptstädten Europas und die „Durchschnittsbürger" können sich Immobilien nicht mehr leisten, nicht einmal die sogenannte Mittelschicht.

In London war es vor ca. 30 Jahren, bevor Margret Th. Premierministerin wurde, noch so, dass ca. 60% der Bevölkerung Eigentum besaßen. Man rechnet damit, dass ab 2020 die Eigenkapitalbesitz-Quote auf 10% fällt. Der Immobilienbesitz wird von den Reichen in der ganzen Welt gehalten; die normale Bevölkerung ist außen vor.

Dies birgt riesige soziale Spannungen. Erkennen Politik und Wirtschaft dies nicht? Oder will man die Masse der Menschen mit geringen Einkommen „gefügig" halten?

Ich denke, der Neokapitalismus, wie er z.Z. in Amerika - USA - propagiert wird, in der Großkonzerne den „Turbokapitalismus" leben und der jetzige Präsident T. nicht einmal die gesetzliche Krankenversicherung für die armen Bevölkerungsschichten akzeptiert, ist nicht die richtige Gesellschaftsform.

Eine Lösung kann ich nicht anbieten.

Das System der Sowjetunion ist in den 90er Jahren des letzten Jahrhunderts zusammengebrochen, weil die klassische

Lehre von Marx und Engels unter bestimmten Voraussetzungen zwar richtig sein kann, sich aber in der Praxis mit den handelnden Menschen nicht bewährt hat. Man redet in diesem System gegen Faschismus und Diktatur, lebt aber quasi den Feudalismus, wie es auch heute noch in Nordkorea geschieht und in der damaligen Sowjetunion auch praktiziert wurde.

Ich selbst konnte diese Entwicklung auch in der DDR, die bis 1990 bestand, beobachten: Teile des deutschen Volkes in den östlichen Gebieten, die nach dem Zweiten Weltkrieg in der sowjetisch besetzten Zone ihren Wohnsitz hatten, erlebten nicht den versprochenen blühenden Sozialismus, sondern für diese Leute ging die Diktatur nach dem Zweiten Weltkrieg weiter. Die Bevölkerung, vor allem Andersdenkende, wurden mit brutalen staatlichen Mitteln unterdrückt. Ich will dies nicht im Detail darlegen, weil ich es größtenteils nur aus Erzählungen weiß, aber auch partiell erlebt habe. Mein Spruch war immer: Der einzige Unterschied zum Hitlerregime war der, dass die einen braune Uniformen trugen, die anderen grüne.

Das ganze DDR-System war geprägt von Verzicht und Unmündigkeit. Es herrschte überall Mangel, weil der im Westen wirkende Marshallplan in der DDR nicht griff, denn alles, was produziert wurde, wurde entweder in die Sowjetunion exportiert oder gegen westliche Devisen verkauft. Die sog. Ostmark hatte nur den Wert einer viertel DM oder weniger.

Bis 1961 konnten sich die Menschen noch ohne unüberwindbare Grenzbefestigungen von Ost nach West oder umgekehrt bewegen. Die Bewegungen fanden meist über Berlin statt, weil auch Berlin in vier Zonen (amerikanische, englische, französische und russische Zone) aufgeteilt war. Die russische Zone gehörte zur DDR und war die Hauptstadt der DDR. Die drei anderen Zonen gehörten zum Westgebiet der Bundesrepublik Deutschland mit Sonderrechten. Nur mit dem Flugzeug konnte man ohne Grenzkontrolle nach Westberlin reisen.

Über diese Zeit könnte man viel schreiben, hierüber haben aber Historiker eine Menge mehr Detailaufzeichnungen gesammelt.

Zeitfracht Medien GmbH
Ferdinand-Jühlke-Straße 7
99095 Erfurt, Deutschland
produktsicherheit@kolibri360.de